苅部 直
Tadashi Karube

丸山眞男

――リベラリストの肖像

Eurus
Notus
Boreas
Zephyrus

岩波新書
1012

目次

目　次

序章

思想の運命

丸山眞男(自宅書斎にて，1959 年)

夜に沈んでいる。ときおり首うなだれて思いに沈むように、まさにそのように夜に沈んでいる。家で、安全なベッドの中で、安全な屋根の下で、寝台の上で手足をのばし、あるいは丸まって、シーツにくるまれ、毛布をのせて眠っているとしても、それはたわいのない見せかけだ。無邪気な自己欺瞞というものだ。実際は、はるか昔と同じように、またその後とも同じように、荒涼とした野にいる。粗末なテントにいる。見わたすかぎり人また人、軍団であり、同族である。冷やかな空の下、冷たい大地の上に、かっていた所に投げ出され、腕に額をのせ、顔を地面に向けて、すやすやと眠っている。だがおまえは目覚めている。おまえは見張りの一人、薪《まき》の山から燃えさかる火をかかげて打ち振りながら次の見張りを探している。なぜおまえは目覚めているのだ？　誰かが目覚めていなくてはならないからだ。誰かひとりはここにいなくてはならず……

（フランツ・カフカのノートより「夜」、池内紀訳による）

丸山論という病

丸山病、とでも呼ぶべきものがあるように思う。

のっけから病の話とは、穏やかでない言い草である。だが、政治学者、丸山眞男《まさお》（一九一四・大正三〜一九九六・平成八）についてひとが書いたものを読むと、しばしば、そう感じてしまう。

たとえば、その思想を、丸山ほどに数多く批判されている人物は、戦後の日本、いや近代の日本でも少ないだろう。いわく西洋近代の愚直な賛美者、いわく大衆から遊離した啓蒙家、いわく国民国家の幻像にしがみつく隠れナショナリスト。右側からは冷戦時代に共産勢力に迎合した学者先生と叩かれ、左側からはラディカルにつき進もうとしない保守性を糾弾される。

そうした批判のなかには、納得できる指摘も見つけることができるし、透徹した分析もたまにはある。丸山眞男の真意を自分はわかっている、という姿勢で解釈に評定を加える立場のとりかたもあるだろうが、批判にそこまでつきあうことに、さほど意味があるとは思えない。むしろ注目したいのは、丸山を批判する言説が一様に帯びる、独特の熱気である。何だか、とにかく丸山を叩かなくては気がすまない怨念が、そうした文章にはしばしば漂っていて、こちらは率直な話、そんなに熱くならなくても、と思ったり、ひょっとしたら本当は好きなのではと勘ぐったり。

たとえば、林房雄と三島由紀夫、二人の作家は『対話・日本人論』(一九六六年)という語りおろしの対談本のなかで、「戦後派学者」の典型として、東京大学法学部の教授であった丸山を槍玉にあげ攻撃している。丸山ら「進歩学派諸君」は、東京裁判の判決を「自分の学説の第一原理」にし、社会の「アメリカニゼーション」をすすめ、工業化とレジャー社会の到来を賛美することで、精神の空白を世にもたらした。そういった指摘をたがいに続ける会話のなかで、林房雄は語る。

丸山君にこだわるわけではないが、あの人をピークとする敗戦学者の学問はいかにも学問らしい顔をしていますけれども、読めば少しも学問ではないのです。学問というのは、読んでみて、「ああ、そうだったか」と目からウロコの落ちるような気になるのが学問です。敗戦大学教授の仕事は読者の目にウロコをかぶせるようなものですよ。

ほんとうの学問は読者の目から「ウロコ」を落とさせるものだという指摘じたいは、のちに見るように、思想の営みにおける「他者」との出あいを重んじた丸山も、賛成するだろう。だが問題なのは、ウロコという言葉にこめられた中身である。戦争責任にまつわる議論はともかく、「アメリカニゼーション」や工業化による「精神的頽廃」に関してまで責任を負わされては、さすがに丸山も浮かばれない。とにかく、何でも丸山のせいにしなくては気がすまないのである。たぶん本人の言と裏腹に、林は、そして三島も、丸山にしつこくこだわっている。ちなみに、林は丸山よりも十一年前、三島は十年後に、同じ東京帝国大学法学部に入学していた。

この対談について意見を求められた際に、丸山は、「事実上黙殺するだけじゃなくて、軽蔑をもって黙殺すると公言します」と、同人誌の座談会（一九六八年）で語った。* 丸山のこういう態度は、ほかの場合にも見られ、しばしば批判者の憤懣をかきたてたものである。屈折した片思いのような、この種の発言に対しては、たしかにそう応じるしかないのだろう。

＊『丸山眞男座談』第七冊（岩波書店、一九九八年）、三〇〇頁。以下、『丸山眞男集』全十七巻（岩波書店）については「集」、『丸山眞男座談』全九冊（岩波書店）については「座」、『丸山眞男講義録』全七冊（東京大学出版会）については「講」、『丸山眞男書簡集』全五巻（みすず書房）については「書」、とそれぞれ表わして、引用の出典箇所を［座7－300］という具合に、本文中に略記する。

しかし、同じような熱気、もっと言えば暑苦しさは、そうした批判に反論して、丸山の思想を擁護する議論にも、多くつきまとっている。丸山を批判する本が出るたびに、その思想と業績を継承しようとする同人誌には、その本を攻撃する書評が載るが、見るにつけ、ため息がでる。それほど下劣な書物なら無視すればいいのに。異質な意見に接したとたんに、激してしりぞけようとする閉じた態度こそ、丸山がつとめて批判したものだったはずなのに。

異様なまでの熱気

ただ、丸山眞男について語る人が、何か熱病にとりつかれたようになってしまうのには、本人の個性がそうさせるところがないわけでもない。丸山は終戦直後から、学界だけでなく論壇誌でも活躍し、平和問題談話会の活動など、現実政治にかかわる提言も続けていたが、その名前が広く一般に知られるようになったのは、何といっても、一九六〇(昭和三十五)年、岸信介内閣による日米安全保障条約(安保条約)の改訂に対する、反対運動の昂揚に際してである。

ちょうど今まで、自民党政府、岸政府によって、個別的、断片的になされてきた民主主義と憲法の蹂躙のあらゆる形が、あの夜に、集中的に発現された。それによって、一方の極に赤裸の力が凝集したと同時に、他方の極においては、戦後十数年、時期ごとに、また問題別に、民主主義運動のなかに散在していた理念と理想は、ここにまた、一挙に凝集して、われわれの手に握られたわけであります。もし私たちが、十九日から二十日にかけての夜の事態を認めるならば、それは、権力がもし欲すれば何事でも強行できること、つまり万能であることを認めることになります。権力が万能であることを認めながら、同時に民主主義を認めることはできません。一方を否認することは他方を肯定すること、他方を肯定することは一方を否認することです。これが私たちの前に立たされている選択です

（「選択のとき」、集8－350）。

これは、五月二十四日に開かれた、「岸内閣総辞職要求・新安保採決不承認学者文化人集会」で、東京神田、教育会館に集まった聴衆二千五百名を前にして、丸山が行なった講演の結びである。「あの夜」とは、その五日前、五月十九日から翌日にかけて、岸首相が警官隊を衆議院へ導入し、反対派である社会党の議員を追いだした上で、新安保条約承認の強行採決にふみきったことを指す。すでに、新条約に反対する学生・労働者が二万人、国会議事堂をとりまく中での強引な措置である。抗議のデモはさらにふくれあがり、各新聞の社説は、岸による議会政治、民主主義の蹂躙を声をそろえて批判していた。

だが、世の熱気にまきこまれたところはあったにしても、丸山の言葉にただよう緊張感は、

なみたいていのものではない。戦後日本の「自民党政府」が抱えている矛盾と危険性が、「あの夜」の一点に集中して現われたと切りだし、「権力」のそうした行動を認めるか、それとも批判するのか、読む者に決断を迫ってゆく。「民主主義」の理想を否定しないのなら、今すぐデモに行かなくてはいけない、と言わんばかりの気魄である。この丸山の講演のせいだけではないだろうが、集会はそのまま国会へのデモに移り、丸山を含む五十名の代表が、首相の面会を要求して官邸へ向かい、応接室で五時間もねばり続けたという。

イメージの氾濫

ただ、この渦中にあった丸山本人は、どう思っていたか。この二年前の座談会で丸山は、現代社会における「イメージ」の氾濫にふれ、国際社会の冷戦下での東西両陣営の相手像をとりあげるついでに、ジャーナリズムが報道する「丸山学派」の「イメージ」に対する違和感を語っている。

つまりアメリカがソ連について持っているイメージが、どんなにほんもののソ連からゆがんだものでも、イメージ自体が厚い層をなして、その現実の上に歴史がつくられて行く。ソ連のアメリカ像にしても同じことがいえる。つまり現代はこうした無数のイメージの網が交錯して、何が現実で何がイリュージョンだか分らなくなっちゃった。われわれの日常関係でもそういう実感はありますね。自分のことで変だけど、去年あたりから丸山学派とか何とか言われていると、つくづくそういうことを感じる（座談会「戦争と同時代」、座2－230）。

この発言のころにはすでに、丸山の論文「日本の思想」（一九五七年）が、高見順や花田清輝による批判を呼びおこし、哲学者、小松茂夫が、マルクス主義から独立した社会科学者の注目すべき集団として、「丸山学派」を名ざしていた［小松一九五七］。丸山はこうして、みずからをとりまく「イメージの層」の厚さに疲れ、回想談話によれば六〇年安保の頃にはすでに、「現実政治の問題に引っ張られるのはもうかなわない、いつまでたっても日本政治思想史の研究ができないと、強く感じていた」という［集15－339］。本人の自覚では、書斎にこもり専門の思想史研究にうちこみたいのに、知人から請われてやむをえず運動に参加したのが実状だったのである。

しかし、現代に生きる人は、誰もが政治に関する何らかの「選択」をつねに迫られている、とは、そもそも丸山その人が説き続けたことである。メディアや世間の噂が伝えてくる、「現実」についてのさまざまな「イメージ」に取り囲まれるなか、何が本当の現実なのか見えにくくなってしまったが、それでも政治問題に対する何らかの「態度決定」を行なわなくてはいけない。やはり六〇年の五月三日、憲法記念講演会で、そう丸山は唱えていた(「現代における態度決定」)。民主主義の擁護にむけ行動する知識人という丸山のイメージは、依頼されてやむなく公表した講演や文章ではあれ、一面ではみずからの発言内容が招来したものでもあった。それに迫力ある文体が加われば、そうしたイメージが生まれ、それが報道をへて増幅してゆくのも、あながち無理はない。

ただし丸山の考えでは、市民として「態度決定」を行なうやり方は、集会の壇上で話したり、デモに参加したりする活動には限られない。ここで「態度決定」として勧めているのも、日常生活の中での小さな選択の積み重ねである。丸山自身がメディアの表舞台への登場を避けようとすることが、その主張に背くわけではない。

亀裂と葛藤

しかし、群衆に向かって「選択のとき」を熱く語りかけ、それが注目を浴びたとたんに身を引こうとする態度は、処世術の次元をこえた、内面の深い部分での亀裂をうかがわせる。やがて丸山は、大学紛争ののち、一九六九(昭和四十四)年、安田武にあてた書簡で、「本人がなすすべがないほど、丸山についてのイメージがふくれあがって私をがんじがらめにしています」(傍点原文、書1―185)と嘆くことになる。隠遁好みを何度も口にしていた丸山の、正直な告白には違いないが、同時にまた、そこには自縄自縛の苦い自覚もこめられていたのではないか。

その文章を読む者まで感染してしまう、丸山の言葉がはらむ熱気は、おそらく、自分自身の内部にある葛藤を見つめるところから発している。たとえば、政治参加と隠遁といったように、あい矛盾する二つの要求が、両方とも自分の中に並びたっていることを、丸山は深く気づいていた。そこで不決断のままとどまることを潔しとせず、何らかの方向へとみずからをおしだそうとする努力。それが丸山の文章に強い緊張感を与えている。世に流布する丸山のイメージとは、そうして生まれた言説の、いわば突端部分を肥大させたものであろう。

したがって、丸山の思想と人物について考えるとき、丸山にまつわる「イメージの層」をとりよけ、出来あいのさまざまな「丸山論」の定型を回避しながら、その内実に迫ることが大事になる。むろん、戦後の「進歩派」知識人、民主主義の擁護者という思想家像が、まるで誤りというわけではないし、思想家の真の意図を、あたかも卵を割り黄身をとりだすようにして、まるごとそっくりに再現できると考えるのは、僭越、と言うより、滑稽である。

問題発見型の思考

だが、丸山の思考の方法をどうとらえるかが、その思想を理解するうえで大きな岐れ道になる、と言うことはできるだろう。丸山は、中国法制史の大家、仁井田陞《にいだのぼる》を追想する座談会で、学者には「体系建設型」と「問題発見型」との二つの類型があると語っていた。前者は、自分の思考のうちに一つの体系ができあがっていて、個々の問題をどうやってその体系のうちに組みこむかをいつも考える。それに対して後者は、「現実のドロドロした混沌のなかから新しい視角をみつけてゆく」姿勢をとるのである[座7－89]。この分類は、専門研究者としての学者にとどまらず、広く思想家一般にもあてはまるだろう。

当人がみずからについて、この二類型のどちらに属すると思っていたかはともかく、文章や談話からうかがえる丸山の思考様式には、両方の要素が混在している。めざすべき到達点として「近代」のリベラル・デモクラシーの理念を置き、それに向かう途上に時々の現実を位置づけてゆく論法に着目すれば、「体系建設型」と見えるが、政治というものについて、あるいは日本の思想文化について、時代に応じてさまざまな議論を提示した軌跡には、「問題発見型」の色あいが濃い。

ここで指摘したいのは、丸山を批判する言説にせよ、それに対して擁護する側にせよ、丸山を「体系建設型」の思想家として考えすぎたのではないかということである。それに対して均整のとれた伝記叙述をめざすべきだと言うのではない。丸山が時代の変転のなかで、さまざまな問題を見いだし、それに応答してきた姿を動的にたどることが、いま、その作品から何かを読みとろうとする際に、実り豊かなやりかたなのではないか。丸山は、生涯を通じて、時々の「現代」における問題を考え、ひとつひとつ論じてきた。大事なのはその思考の運動であり、それこそが、丸山の思想を生きたものにしている。

友人の視点から

思えば、丸山眞男の思想、あるいはその人柄について語る文章は数多いが、批判も含め、そのほとんどが、丸山に教えを受けた人物か、丸山よりも歳下の人の手によるものである。そうなると、論評のはじめから、丸山「先生」、もしくは思想界のスターとして語られてしまう。このことは、丸山自身にも、そしてそうした周辺文献から丸山の人物像に接しようとする後世の論者にとっても、不幸なことであった。年少者というものは、先行する人物に対して、すでに耳にしたできあいの人間像を先入主として抱えながら接しがちで、それを修正する機会に恵まれないことも多い。

だが例外もある。たとえば、丸山の親しい友人であった作家、武田泰淳《たいじゅん》の夫人、百合子の旅行記『犬が星見た——ロシア旅行』(一九七九年)には、次のような記述がみえる。やはり丸山との家族ぐるみの交友の輪に加わっていた中国文学者、竹内好《よしみ》と武田夫妻とが一九六九(昭和四十四)年にロシアを旅行し、帰途、コペンハーゲンにたちよって滞在中のある朝、チボリ公園の屋台での出来事。

私「あの人はどういう人かしら。皮の鞄抱えて、いまごろチボリの中を真直ぐ向いて歩いているなんて」

池の向う岸を、くっきりした横顔の紳士が落ち着いた足取りで通って行く。

竹内「大学の先生じゃないかな」

私「丸山〔真男〕さんに似ている……」〔角括弧内原文〕

竹内さんと主人は丸山さんのことを話しはじめた。それからは長々と丸山さんの話をしていた。「丸山はいまごろどうしているかなあ……。俺はいまビール飲んでいい気持だあ。ああ、いい気持」主人は自分と竹内さんのコップにビールをついだ。キャッキャッと笑声をあげて「俺もいい気持」と竹内さんが言った。二人でまたすーっとビールを飲み干していた。

彼らは丸山について、いったいどういうことを話していたのだろうか。三人のうち、竹内好と武田泰淳は丸山より少し歳上、武田百合子は十一歳下であるが、いずれも丸山に対する視線は、敬愛とからかいを含んだ、対等な友人としてのそれである。ここでどういう会話が交わされたのかは知るよしもない。

だがたとえば、自分もまた、ビールを片手にこの会話に加わっているかのような気分で、丸山の著作に接し、それを読みといてゆくくらいのことはできるのではないか。その思想と人間の全体像をくまなく描くのは、いまよりあとの伝記作者による仕事を待つべきだし、そもそも新書の紙数でできることでもない。本書ではただ、こうした視線で、丸山ののこした言葉を読みなおし、あたかも本人と問答するようにして、「現代」の人間と政治について、また「日本」という空間について、考えていた軌跡をたどることにする。

第1章
「大正ッ子」のおいたち

上：明治末年の四谷大通り（東京市編『東京案内』下巻，1907年）
下：左より眞男，父・幹治，兄・鐵雄

被災者への手紙

一九九五(平成七)年一月十七日の朝、マグニチュード七・二の大地震が、神戸や淡路島の近辺を襲った。阪神・淡路大震災である。死者は六千人をこえ、避難民も約三十一万人に達して、人々に大きな衝撃をあたえたことは、それから十年以上すぎたいまでも、記憶に新しい。

丸山眞男の書簡集をひもとくと、この地震のすぐあとに、阪神地方に住む何人かの知人に、見舞状を出していたことがわかる。このとき丸山は満八十歳、死去の一年七か月まえで、ほぼ最晩年と言ってよい。その一年少し前に肝臓癌を病んでいることがわかり、手術と入退院をくりかえす中での、友人への気づかいであった。そのうち、地震発生のわずか四日後、作家、小田実《まこと》にあてて書かれた手紙にはこうある。

私は、一九二三年の関東大震災のとき、四谷愛住町におりました。小学校四年生のときですが、九月一日から一週間ばかりの毎日は、その前後の記憶がほとんど失われているのと対蹠的に、今日まで一日一日が昨日のことのように鮮明にイメージに残っております。

> ［中略］この幼児［ママ］の大災害の経験と、それから小学校の一年生を終るまで、芦屋に住んで、二階の窓から毎日のように六甲とその下を走る東海道線の列車を眺め、阪神電車の踏切をこえて精道村尋常小学校に通学した思い出とが、否応なく今度の災害にたいして、最近の奥尻島を襲った津波とか、昨年の暮の三陸はるか沖地震とかとは質的にちがった関心をよびおこしました。そうしてすぐさま頭に浮かんだのが、小田さんと御一家のことでした［書5-186〜187］。

この書簡でも、ほかの手紙でも、不自由な身体を抱えながら、何か手助けできることはないか、と丸山は問いかけている。また二か月後、ほかの知人にあてた見舞状でも、関東大震災の思い出にふれ、「ああいうパニックの際の人間性の中にある強烈なエゴイズムと、その反対に、まったく自発的な利他精神」を子供ながらに目撃したことが、「やはり私の生涯でもっとも大きな経験でした」と告白している［書5-196］。幼時に神戸で暮らした親近感に加えて、このとき大正の震災経験をまざまざと思い起こしたことが、被災者に対する、切々とした共苦の情をかきたてたのである。

誕生

この手紙からもうかがえるように、丸山が生をうけた土地は、阪神地方である。一九一四(大正三)年三月二十二日に、政論記者として活躍し、そのころは『大阪朝日新聞』で筆を揮っていた、丸山幹治《かんじ》(侃堂《かんどう》、一八八〇～一九五五)の第二子、次男として大阪に生まれた。

その直前に、丸山幹治は、アメリカ合衆国への単身赴任を命ぜられ、妻、セイ(一八八四～一九四五)がその荷づくりに追われる中での、早産であった。「だから、今でも私は体のあっちこっちにおかしなところがあります」と後年の眞男は回想する。首がすわるのが遅く、そのようすを見た、セイの異父兄、井上亀六《きろく》(藁村《こうそん》)――やはり著名な政論記者で、当時、政教社社主を務めていた――が、人形にたとえて「文楽、文楽」と呼んでいたという[集16-150]。小学校の運動会ではつねに屈辱を味わい、それで長いこと、朝日新聞に恨みを抱いてきたが、賞をもらってそれを晴らした、とは、七十二歳にして朝日賞を受けた際のあいさつの弁である[集16-366]。

眞男が生まれた年の七月にはヨーロッパで第一次世界大戦が勃発し、幹治はそのまま特派員として、一年半のあいだ、アメリカと英国で戦争報道にたずさわった。帰国したのちに、丸山一家は、現在の芦屋市打出町、続いて精道町に移るが、打出にいたころ、一九一八(大正七)年八月、米騒動を経験することになる。シベリア出兵にともなう米価の急騰をきっかけにして、全国で暴動が起きた。丸山家が暮らす関西でもそれは激しく、同じ苗字の米屋が近所にあり、まちがいで群衆に襲われるのを避けるため、一家は夜、電灯を消し、声をひそめてじっと集まっていた。「玄関の外に松明の光が映り、どやどやと人が通って行く音が聞こえて何かこわかった」[集16-152]。——社会をゆるがす大事件に関する、丸山眞男の最初の記憶である。

「大正ッ子」

第一次世界大戦と米騒動と、この時代の日本社会に大きな影響を与えた出来事が、父親がジャーナリストであることも手伝って、幼時から丸山眞男の生活に、じかに影をおとしていた。戦後、安倍能成《よししげ》や大内兵衛《ひょうえ》など、明治生まれの大家たちと席をともにした座談会で、丸山は「私は、この座談会のなかでは唯一人の大正ッ子ですから」と発言している[座2-238]。まさしく、大正という時代の空気を吸い、子供のころから世の変動を身近に感じながら、成長していった。「大正ッ子」という自称のもつ意味は、一般の大正生まれの人の場合よりも、かなり重い。

この大正時代について、長じて思想史家となった丸山は、「日本の近代史の中では社会的にはいちばん危機意識が弛緩した時代」と評し、世界の大勢がデモクラシーとインターナショナリズムに向かっているという楽観主義が流布した、「全体が陽気」な頃だった、と否定に傾いた含意で述べている［座3―144］。ただ、これは昭和恐慌ののちの危機感と対照しての発言であり、その角度で眺めたさいに切りだされる時代像とうけとめた方がよい。丸山より十四歳上（一九〇〇年生まれ）で、大正の世をみずから目撃していた歴史家、大久保利謙《としあき》は、その時代の特徴をこう描いている。

大正デモクラシーの代表的理論家吉野作造の民本主義が指導的な世論となった。民主化の風潮はこの時代の文化・国民生活の各方面に及び、西洋風がモダニズムとして大々的にとりいれられて明治調に代わる大正調が時代色となった。経済・社会の進展で大衆がサラリーマン化、勤労者化し、伝統・慣習を捨てて合理化をはかる文化生活が唱えられ、衣食住の洋風化がすすんだ。また女性の社会進出も大正時代から顕著となり、いわゆる職業婦人の出現も女性の解放と同時に自立への社会的要請によるものであった（『国史大辞典』第八巻項目「大正時代」、吉川弘文館、一九八七年）。

このころにはもちろん、都市と農村との経済や文化の格差はまだ大きく、都市の動向だけで時代を語るのは、日本の現実を言いつくしたことにはならない。しかし、大正時代を通じて、都市がめざましく拡大し、大久保の語る「サラリーマン」「勤労者」、いわゆる中産階級を基盤とする新しい文化が生まれた。デモクラシー論も平和主義も、また西洋風の服装や住宅も、そうした動きの中で広まっていったのである。丸山は、三十歳ほど上、明治生まれの大内兵衛（淡路島出身）・南原《なんばら》繁（香川出身）との座談会の中で、「ふるさとを持たないインテリ」と自分を呼んでいる［座3－54］。そうした都会の新しい人々の、いわば二世として、丸山も育っていた。

手づくりの本

少年丸山眞男は、やがて一家とともに東京の四谷区愛住町《あいすみちょう》に移り、一九二三（大正十二）年九月、そこで関東大震災を経験することになる。その直後に、尋常小学校四年生だった丸山が、『恐るべき大震災大火災の思出』と題して作った、手書きの小冊子が残っている［「みすず」編集部一九九七］。先に引いた晩年の書簡で言っている、人々の「利他精神」についての感慨、あるいは、朝鮮人に対する「自警団の暴行」への子供ながらの批判も語られていて、興味ぶかい内容である。「やれ、寄付が山。かばん、教書、ざうり、はてはげたまで日本中がきふしてくれた。日本ばかりでない。全国から、むねからなみだのでるほどの同情をほどこして、食料を山のごとくおくつて来た」。――丸山宅は倒壊や焼失をまぬがれたが、家を失い避難生活を送る人々を、身近に多く見かけている。その被災者たちに対して、全世界から救いの手がさしのべられたようすを、少年は深く心に刻みこみ、その記憶と報恩の情が、晩年、阪神大震災に際して強烈によみがえったのである。

だがそれに加え、この小冊子が、作者の手で仮とじ製本を施され、「非売品」の表示がある奥付までついているところに注目したい。丸山は後年、「私がいちばん感銘を受けた書物」というアンケートに答えて、小学一年のときに読んだ、巌谷小波《いわやさざなみ》の『こがね丸』を挙げている[集16－302]。小波のお伽噺や、立川《たつかわ》文庫に代表されるような、子供向けの書籍を多く手元におき、愛読できる環境にいたわけである。父親の蔵書のせいもあるだろうが、小学生時代のあだ名の一つは「ホンタクサン」であった。また「英語が好き」で、中学時代には、しばしば洋書店、丸善に足を運んでいたという[集11－18]。

父親が洋行帰りのジャーナリスト、芦屋と四谷の育ち、大量の蔵書を家にもち、他方で英語、また映画や西洋古典音楽にも早くから親しんでいた、という点だけ挙げれば、これはいわゆる山の手中産階級の子弟の典型である。福澤諭吉の四女、志立タキと行なった対談「ふだん着の諭吉と英語教育」(一九六六年)からは、いかにもそれらしい、丸山の言い回しがうかがえる。

――「おばあさまが、なにを、どんなことをお話し下さっても貴重なんです。おばあさまが、つまらないとお思いになるようなことでも大事なんですよ。ふだんのことばづかいからして大事なんです。おばあさまのように、ちゃんとした東京弁をつかう方は、それはすくなくなりました」[座7-25]。

このような、失なわれた時代の懐かしさを思わせる口調で、対談は続いている。丸山の精神をまずはぐくんだのが、こうした言葉を話す、戦前の山の手に住む階層がもっていた、文化生活の成熟であることは、いちおうたしかである。竹内洋が指摘するように、そうした生活様式は、教養主義の風潮と結びつく。大正から昭和にかけて、すぐれた哲学や藝術の多量の享受を通じて、みずからの人格を高めようとする生活を、多くの高校生・大学生がめざした。その際にあこがれの対象となったのは、まさしくこのように、洗練された文化環境とふるまい方であった[竹内二〇〇五]。戦後のある時期まで、丸山の著作が一種の教養書としてよく読まれたのにも、それなりの必然性があったとは言える。

微妙な山の手

しかし、志立タキとの対談で、言葉づかいにこだわるところに、実はみずからのおいたちが、そうした東京の山の手言葉の世界から微妙にはみだしていたと丸山が思っていることがうかがえる。その世界の中に身をおきながら、そこに自分がしっかりと属していないと感じるがゆえに、言葉づかいに対して敏感になるのである。

この対談で丸山は、少年時代に住んだ四谷愛住町のあたりを、「地域は山の手ですけれども、ことば使いはむしろ下町的に近かった」、あるいは、「庶民の住んでる地域で、いわゆる山の手階級の住宅地ではないんです」と回想し、引っ越してきたはじめの頃は「「田舎っぺい」といわれてとてもいじめられました」と語ってもいる[座7-47～48]。

実際、丸山一家が愛住町へ移り住んだのには、それなりに複雑な、また、そのころの時代情勢とからみあった理由があった。先ほどふれた米騒動に遭遇して、丸山幹治の属する『大阪朝日新聞』は、時の政権、寺内正毅《まさたけ》内閣に対するきびしい批判のキャンペーンを展開していた。だが、一九一八(大正七)年八月、内閣を弾劾する関西の記者の集会を報ずる記事で、「白虹《はっこう》日を貫けり」という言い回しを用いたのに、政府が目をつけ、天皇を想起させるという理由で掲載号を発売禁止にし、執筆記者らを新聞紙法違反で起訴した。また、『大阪朝日新聞』の社長は右翼に襲われ、辞任することになり、編集局長であった鳥居素川《そせん》をはじめ、長谷川如是閑《にょぜかん》、大山郁夫ら、多くの人々がともに退社するに至る。いわゆる「白虹事件」である。

通信部長となっていた丸山幹治も、この際の退社組の一人であり、鳥居らとともに、新たに創刊された『大正日日新聞』に加わるが、経営がたちゆかず、すぐに廃刊となる。そして一九二一(大正十)年春に、『読売新聞』に論説委員・経済部長として入社し、一家は東京に出て、はじめは四谷区麹町、続いて愛住町の借家に住むようになる。大阪朝日の通信部長時代はかろうじて恵まれていたが、「うちはその後ずいぶん貧乏しましたし、母も苦労しました」とは、丸山眞男の回想の言である[集16－154]。

愛住町という空間

関東大震災に一家が遭遇した、愛住町四十八番地(現在、新宿区愛住町八番地)の家は、丸山眞男が尋常小学校三年(八歳)から、第一高等学校に入学し寄宿寮に入る(十七歳)まで、少年時代の多くの年月を過ごした場所である。商家の立ち並ぶ四谷の大通り(現、新宿通り)から横丁へ入ったところで、表通りとは違い静かな区域、当時は陸軍将校や官吏、会社員が多く住んでいた。大通りぞいの金物屋に生まれた、丸山より四歳上の男性の回想によれば、小学生の頃は、青山の練兵場(現、明治神宮外苑)や近所の空地でメンコやベイゴマ、戦争ごっこ、探偵ごっこに興じ、四、五年生になると映画に行くのが、子供たちの娯楽だったという[根岸一九九二]。そういう地域と時代に、丸山は育ったのである。

さらに、大通りをわずかに西へむかったあたり、新宿御苑の北辺には、かつて内藤新宿の一大遊郭があった。御苑の整備にともない、遊郭が新宿二丁目へと移転させられたすぐあとに、丸山家は越してきている。また、愛住町の東には荒木町の花街が栄え、大通りをこえた南東方向には、鮫ヶ橋のスラム地帯が広がり、眞男が通った四谷第一尋常小学校の「クラスの少なくも三分の一はスラムの子」で、母セイはスラムの子供と遊ばせないようにしたが、眞男とその兄弟は、彼らとよく遊んでいた[集16－157]。山の手の新興住宅地、広い意味で中産階級に属する一家とは言え、その生活環境は微妙だったのである。

政論記者の家系

そもそも、丸山家が愛住町に家を借りた事情そのものが、ふつうの官吏や会社員とは、大きく異なっていた。家長が大新聞の社員とは言っても、この当時はまだ、新聞記者が堅気の職業とは、必ずしも見なされていない。丸山幹治もまた、苦学生として東京専門学校(現、早稲田大学)に通いながら、中退して陸羯南《くがかつなん》を社長兼主筆とする新聞『日本』にとびこみ、三つの新聞社を転々として、『大阪朝日』に至った人物である。いわゆる学歴エリートに対する反発と侮蔑は強く、「高座の噺家のほうが官僚よりよっぽど偉い。噺家は一人で食べてゆけるが、官僚はそうは行かない」と、つねづね息子たちに語っていたという[堀一九九八]。

　そして、丸山幹治とセイの結婚は、やはり『日本』出身のジャーナリストで、政教社社主となった井上亀六がセイの異父兄だった縁によるもので、愛住町の借家も、井上が自分の近所に世話したものである。その周辺には、新聞『日本』や雑誌『日本及日本人』に関係したジャーナリストが多く住んでいた。丸山家には、井上が結婚祝いに贈った、画家、水島爾保布《におう》の掛軸があり、のちに未来派からプロレタリア美術へと進むことになる、柳瀬正夢《まさむ》も出入りしていたという。

また、『大阪朝日』退社ののち、雑誌『我等』に依った長谷川如是閑(一八七五〜一九六九)も、しばしば丸山家を訪れ、一家と親しく会話していた。東京深川の商家に生まれ、自由主義に立つ文明批評家として知られたこの人物を、母セイは自分の夫よりも深く尊敬していたのではないか、と眞男は回想し、父母のあいだの複雑な心の機微を伝えている[集16-163]。

したがって、山の手に暮らし、早くから洋風の文化に親しむ安定した生活が、大正時代の教養主義の風潮の理想だったとすれば、少年時代に丸山眞男の置かれた環境は、それよりももっと人間くさい、複雑な陰影を含んでいた。

『君たちはどう生きるか』

むろん、英語や西洋古典音楽を愛好し、「我を人と成せし者は映画」[集11-34]と後年語るほどに、映画に熱中した側面を見れば、たしかに眞男少年の精神生活は、いかにも育ちのよい都会少年を思わせる。のちに、大学を卒業し助手になったころ、岩波書店の編集者であった吉野源三郎による少年小説、『君たちはどう生きるか』(一九三七年)に出あい、主人公の中学生と自分を重ねるようにして読み、「目からうろこの落ちるような思い」で、深く心を揺り動かされたという[集11-381]。

大銀行の重役だった父が死に、「旧市内の邸宅」から「召使の数もへらして」郊外の家へと移り住んだ、中学生「コペル君」の一家について、丸山は「ずいぶん上流だなあ」と感じたと回想している。だがどちらかと言うなら、商店街やスラムの子供たちではなく、「避暑地やスキー場や温泉場の話」を同級生とかわし、古代ギリシアに始まる「美しい文化」の伝統にあこがれる、「コペル君」の住む世界の近くに、自分は生きていると思っていたことはたしかだろう。

教養主義への批判

だがその反面、近所に住む伯父、井上亀六は、政治姿勢としては国粋派の政教社を主宰し、「紋付羽織袴」の右翼たちがその家に出入りするのを、眞男は幼時からしばしば目撃していた[集16-158]。のちの回想では、おそらく中学時代を念頭において「漢文はどういうわけだか昔から好きだった」と語り、諸葛孔明の「出師表《すいしのひょう》」や杜甫の詩を暗誦していたことにふれている[集11-159〜160]。このこともまた、井上亀六にまつわる思い出と、深く関連しているのではないか。「正統と異端」の問題をめぐる、石田雄と藤田省三との研究会(一九六七年五月)での発言が、ここで興味ぶかい。

僕らの子供の時の追体験からみても、阿部次郎の「人格主義」なんかから来た普通いう「大正デモクラシー」よりは、杉浦重剛の塾に通っていた僕の叔父〔ママ〕の井上亀六なんか、教養でいえば仏典です、ただその仏典をほんとうに読んでいるし、それがまたほんとうにいわば「血肉」になっている。日常会話に自在に仏典が出てくるような、そういう意味での「教養主義」がある。教養主義などといっても、リベラリズムのハイカラで偽善的なものでなく、普通の意味での「人格高潔」であって、むしろほんとうの「修養主義」です。まあ、大正リベラリズムの方が、その点あやしいやね〔藤田一九九七〕。

大正時代にリベラル派と目され、「人格主義」や「教養主義」の代表者であった阿部次郎や、和辻哲郎、安倍能成といった知識人に対する違和感が、ここで述べられている。もちろん、長じて前世代の知識人たちに対する批判の視点を身につけたのちの発言であることは、さしひいて読まなくてはいけない。だが、大正から昭和にかけての、都市中産階級の理想としたものが、西洋風の「ハイカラ」な生活であり、欧米の文化を吸収しようとする教養主義であったとすれば、むしろそれ以前の伝統文化や、もっと卑俗な暮らしに片足を置いた、微妙な環境で丸山は育ったことが、はっきりとうかがえる。

さらにまた、ジャーナリストの父親をもつ家庭環境それ自体が、高級な文化に親しむ教養主義の生活様式よりも、ずっと泥臭く、社会の生々しい空気をじかに感じざるをえない場であった。政治上の立場で言えば、左派に属し、雑誌『我等』、さらに『批判』(一九三〇〜一九三四年)

に拠った長谷川如是閑らと、右派である井上亀六たちの、双方を子供のころから知り、中間派と目された父、幹治がそれぞれと議論を交わすのを横で聞いていたのである。政治や社会のことがらについて、おのずから早熟になる。さらに「男女の仲」についても、小学生のころから、映画を通じてその「不可思議さと複雑さ」を直感していたという［集11－31］。そう語るときの丸山、やや自慢げである。

「不良ぶる」中学生

丸山眞男が、東京府立第一中学校(一中、現、都立日比谷高校)に進学するのは、一九二六(大正十五)年四月のことである。当時、秀才の中学生であれば、四年間で修了し、旧制高等学校へ進むのがふつうであるが、丸山は四年生の時に第一高等学校(一高)を受験して失敗、五年次まで中学に通ったのち、一高へ進んでいる。女学校を優等生でおえ、「教育ママ」であった母親の落胆は大きかっただろう。だが不合格の知らせを聞いた伯父、井上亀六は、「眞男、よかったな、秀才じゃなくて」、何となれば「秀才が日本を毒した」のだから、となぐさめた［集16－165、171］。いかにも、この一家の空気をよく伝える逸話ではないか。

この中学時代、一九二六年から一九三一(昭和六)年にかけての時代を、丸山眞男の兄、鐵雄(一九一〇～一九八八)は、一九二九(昭和四)年の流行歌謡、「東京行進曲」に関連させながら、こう語っている。鐵雄は、京都帝大経済学部を卒業したのち、戦前から戦後にわたって、日本放送協会(NHK)で、歌謡や娯楽番組担当の制作者として、現場に活躍した人物である。

関東大震災後の東京は目ざましい復興ぶりをみせ、昭和の初期には全く近代都市としての様相を新たにして行った。

丸ビルの窓からはカゴの鳥のようなオフィスガールの姿が見え、銀座にはバー、カフェー、ダンスホールがふえ、「銀ブラ」という言葉も生まれ、モガとモボは腕を組んで都大路を闊歩した。一方、欧州大戦後の経済組織の矛盾はようやく表面化し、失業者は巷に氾濫、労資の対立は激化し、労農党代議士山本宣治の暗殺、四・一六の共産党大検挙などがあり、世相は日ましに混乱の度を加えていた。

東京の先端風俗を描いた「東京行進曲」はこうした社会情勢を背景として、非常なヒットとなったのである〔丸山鐵雄一九八三〕。

中学生眞男の生活は、いかにもこの時代の少年、しかもやや不良気どりの男の子というものであった。本人に対する聴きとりに基づいた、『丸山眞男集』別巻所載の年譜や、随筆「映画とわたくし」(一九七九年)の記述から、そのようすをうかがえる。丸山の最初の映画体験は、震災前、父に連れられて浅草の上映館へ行った小学生時代にさかのぼる。その頃はもちろん、弁士つきの無声映画であり、活動写真を略し「カツドウ」と呼ばれていた時代である。そして、四歳上の鐵雄とともに、きびしい母親の目を盗みながら、洋画の連続活劇や、チャンバラ映画に通いつめていた。

そして中学に入ると、一人で学校の帰りに、あるいは午後の授業を抜けだして、四谷や新宿の映画館に出入りするようになる。おそらくこういう行動も、兄に習ったのであろう。当時はまだ、一中の校則では映画を観るには父兄同伴でなくてはならず、中学生が一人で行くのは、「不良」の群に属するふるまいと見なされていた。本人は、そうした自分についてこう回想している。「私自身は到底断乎として「不良」の群に身を投ずるだけの度胸もなく、せいぜいちょっとばかり不良ぶる善良生――ある意味で一中の正統的な優等生よりももっと鼻もちならぬ生徒――であった」[集11―9]。

ほかにも、新国劇のファンになったり、雑誌『新青年』をはじめ、探偵小説に熱中して、徹夜してS・S・ヴァン・ダインの原書を読み翌日の学校を休んだりと、当時の常識では、必ずしも素行善良とは呼びがたい中学生活であった。だが、こうした「ちょっとばかり不良ぶる」

態度を、優等生よりも「鼻もちならぬ」と回想する、丸山の姿勢に注意したい。中学生時代からそのようにはっきりと、自分を見下していたのではないと思われるが、当時からおぼろげにでも感じていなければ、出てこない言葉であろう。

「善良生」にも「不良」にもならない中途半端な立場を楽しみながら、それを同時に鼻持ちならないと感じて自分がいやになる、二重の視線がここにある。自意識過剰のきらいはあるが、ここにはいわゆる都会人の含羞をこえた、自己に対するきびしい倫理感覚が顔をのぞかせている。丸山は後年まで、知識人と大学人としての自負をもちながら、他方では大学教授の地位にまとわりつく権威や、言論人としての名声を忌避し、それを避けることにこだわり続けた。そのどこかぎこちない、両義性を帯びた態度は、すでに中学生のころからめばえていたのである。

左右対立の時代

しかし広い世間の風潮に関して見ると、丸山眞男の中学時代は、本人の言葉を借りれば「リベラリズムとマルクス主義の全盛時代」である〔集11-138〕。先の丸山鐵雄の引用に見える「東京行進曲」(西條八十作詞)には、「シネマ見ましょかお茶のみましょか、いっそ小田急で逃げましょか」というくだりがあり、いかにもこの時期の風俗を表わしているが、詞の初稿ではこの一節が「長い髪してマルクス・ボーイ今日も抱える〝赤い恋〟」であった。『赤い恋』とは、ソ連の女性外交官、アレクサンドラ・M・コロンタイによる小説の邦訳題名である。

この歌詞にも現われているように、この時期は、大学生・高校生の間で、マルクス主義の思想が盛んに流行し、大学構内には、左翼の政治主張のビラがとびかい、集会を強行しようとする学生と大学当局とが押し問答をし、国粋派の学生集団との間の乱闘も絶えなかった。東京帝国大学では、教官と学生の親睦団体であった、全学の学友会が、学生団体、新人会につどう左派にのっとられたため、一九二八(昭和三)年、当局は学友会を解散し、それに代わる一種の融和手段として、学園祭「五月祭」を、毎年開くようにしたのである〔石井一九七八〕。

だが、丸山家はその前から、右は井上亀六、左は長谷川如是閑と、左右の主張の支持者が入り乱れる場である。やはり一九二八年、パリで結ばれた「戦争放棄に関する条約」(不戦条約)の議会での批准にさいして、当時の田中義一内閣は、第一条に「人民の名に於て」とある条約に調印したことを、日本の「國體」に反するとして、右翼と野党民政党から攻撃された。批判の先頭に立ったのは、井上亀六が主宰する『日本及日本人』であるが、その雑誌を手にした丸山幹治は、「國體か、アッハッハッ」と高笑いし、しかし民政党びいきで、田中内閣が弱るのが面白いので自分も政府攻撃に加わる、と語った〔集16‐169、以下、引用文中の「国体」は正字体に改める〕。

こうした環境に育った眞男少年も、探偵小説や映画にいれあげるかたわら、左翼思想の文献にもふれるようになるが、すでにこれだけ、異なる政治主張が入り乱れる場を見てきている。中学から高校へ進んで、左翼学生の運動を身近く目撃するようになっても、その輪に加わろうとはしなかった。マルクス主義の思想を大して勉強したわけでもないのに、「そういったことは、おれは卒業したのだ」という態度をはじめから取ってしまう、「思想的にすれっからし」になっていた、と長じてから回想している[座1‐216]。

もう一人の師と父

のちに学者として著名になってから、丸山は、大学での恩師である南原繁と並べて、長谷川如是閑を、学問の世界に入る前に大きな影響をうけた、もう一人の師として、名ざすようになる。子供の頃から如是閑の謦咳にふれ、帝大教授は馬鹿ばかりそろっている、という悪口をきかされていたので、「帝大の助教授になっても、何ら幻想はなかった」[集16‐192]。如是閑の英国思想に対する高い評価になじんでいたために、英国の功利主義思想を批判する南原を、たしなめることすらあったというのである[集16‐195]。

本人も認めているように、如是閑の思想が、丸山の作品にどのように影をおとしているかについては、はっきりとは見さだめがたい。しかし、学歴と官僚制が支配する世間の評価基準から独立した、如是閑や丸山幹治や井上亀六の気風が、そのまま眞男少年の感覚へとしみついていったことは、明らかだろう。如是閑という存在は、さまざまな立場の人間が、おたがいの違いを認めながら闊達にまじりあう場であった、少年時代の家庭の空気を代表する人格として、丸山の終生の敬意の対象となった。あるいは、家庭内では「暴君」であり、母にさんざんな苦労をかけた[座9-291]、父幹治とはまったく異なる理想の父親像を、如是閑に投影していたのかもしれない。

隣人・三島由紀夫

丸山家が暮らした愛住町の隣町、次の横丁と言ってもよいほどに近い、四谷区永住《ながずみ》町《ちょう》二番地(現在の四谷四丁目の北端のあたりと思われる)に借りられていた、農商務省官吏の邸宅には、一九二五(大正十四)年一月、本書のはじめに登場した三島由紀夫が生まれている[堀越二〇〇五]。丸山より十一歳下である。その自伝風の小説『仮面の告白』(一九四九年)では、この場所が「土地柄のあまりよくない町の一角」と語られており、山の手の中での微妙な位置を、言い表している。この作品には、夏祭の御輿が、自宅の門内に荒々しくなだれこみ、小学生だった「私」が、御輿かつぎの一団が発散する、猥雑な陶酔感に強く打たれるという、印象ぶかい場面がある。

この祭は、四谷区内にある須賀神社の例大祭、六月の「天王様」(牛頭《ごず》天王)の祭礼であろう。記述が事実に基づくとしても、一九三一(昭和六)年に丸山眞男は一高の寮に入り、同じ年、一家も市外の高井戸町(現、杉並区松庵)へと移っているので、小説で描かれた祭そのものは、見ていない可能性が高い。しかし、三島が語る御輿の姿は、毎年の祭の体験から、丸山にとっても親しいものだったはずである。

三島は戦後、丸山を代表とする「戦後民主主義」の風潮に異を唱えつづけたし、丸山もまた、三島については、その武士道論の浅薄さを「悲喜劇」と呼ぶていどの言及しかしていない[集11-332]。しかし、三島が晩年、一九七〇(昭和四十五)年七月に発表した文章で見せた、戦後社会の空虚さについての述懐を見てみよう。

私はこれからの日本に大して希望をつなぐことができない。このまま行つたら「日本」はなくなつてしまふのではないかといふ感を日ましに深くする。日本はなくなつて、その代はりに、無機的な、からつぽな、ニュートラルな、中間色の、富裕な、抜目がない、或る経済的大国が極東の一角に残るのであらう。それでもいいと思つてゐる人たちと、私は口をきく気にもなれなくなつてゐるのである(「果たし得てゐない約束——私の中の二十五年」)。

もちろん、丸山は戦後という時代についてここまでの絶望を口にすることはなかった。だがたとえば、「ひがみ根性」や「すねもの意識」に支配された大衆が、おたがいの足をひっぱり、ひきずりおろして画一性を保つ、「のっぺらぼうのデモクラシー」に堕した政治の現状を批判する、丸山の発言(一九六〇年の座談会「丸山眞男氏との一時間」)には、三島が「からっぽ」さを批判するのと、同じ空気が漂っているのではないか〔座4-37〕。戦後社会が成熟するなか、デモクラシーが「日本の國體みたいに」なってしまい、すでにできあがった所与の社会状態として自明視され、そのありようを深く問われなくなったことを、丸山はくりかえし嘆いている〔座4-100〕。

立場は異なるとはいえ、このように、戦後社会の「ニュートラル」さや「のっぺらぼう」を批判するとき、二人の脳裏にはともに、かつての、山の手でも場末でもある、複雑な陰影に富んだ四谷近辺の風景が、浮かんでいなかっただろうか。

第 2 章

「政治化」の時代に

助手室にて(1940 年ころ)

1 遅れて来た青年

満洲事変と世の変化

過去の時代の空気を、その当時に生きた人々が感じたのと同じように追体験することは難しい。人々に大きな衝撃を与えた事件でも、のちの時代からふりかえると、その前から後にまで続く長い変化からすれば、さして重要に思えない場合は多い。反対に、その当座は人の噂にものぼらなかったできごとが、やがて時代の変貌の画期と評されるようになることもある。

同時代の印象と、後世からの評価との食い違いについて、丸山眞男は、十七歳で第一高等学校に入学したころにまつわる記憶をとりあげ、こう語っている。

私が旧制一高に入学した一九三一(昭和六)年の九月にいわゆる満州事変が勃発した。十五年戦争の開始である。文献だけに頼る現代史の研究者からは「満州事変(または柳条湖事件)は果してそれほど大きな時代の転機だったたか、どうもその後の盧溝橋事件(いわゆる日華事変）に比べてそんなに劃期的な変化がおこったようには思われないが……」という質問を受けることがよくある。むろん歴史はすべてステップ・バイ・ステップの変化であり、日本の軍国化の場合もまた然りである。けれども私の実際の見聞にしたがえば、満州事変はやはり一つの大きな転機であった（「昭和天皇をめぐるきれぎれの回想」一九八九年、集15－20）。

満洲で関東軍が武力侵攻をはじめ、民政党の内閣（若槻禮次郎《わかつきれいじろう》首相）であった政府も結局それを追認し、各新聞はいっせいに、日本の権益を守るための自衛攻撃として支持した。世の空気の変化は、丸山がその春から起居を始めた、本郷向ケ丘の一高の構内にも、しだいに及んでゆく。

この当時すでに、一九二五（大正十四）年に制定された治安維持法によって、学生がマルクス主義の思想を学び、社会主義・共産主義の政治運動に参加することは、きびしく禁じられていた。だが一高の中では、さまざまな秘密サークルの形で、左翼運動が隠然と続いていたのである。丸山が入学する前後、一九三一年の三月から四月にかけても、十九名の学生が放校や停学の処分をうけた〔一高自治寮立寮百年委員会一九九四〕。地下活動を続ける共産党が（正式にはコミンテルンの一九三二年テーゼを待つが）採用したばかりの方針、「天皇制打倒」「帝国主義戦争反対」

を記した便所落書を、丸山も寮で目撃している〔集15－22〕。

しかしこの年、満洲事変が始まるとすぐさま、一高生による「日本精神」研究会であった瑞穂会(一九二六年発足)が、「民族主義と国際主義」と題した講演会を寮内で催した。この年に東京帝大法学部に入学し、やがて丸山と同じ南原繁門下の政治学者となる中村哲《あきら》は、戦後にこの前後をふりかえって、それまでの国粋主義団体が、日本国民党(のち大日本生産党)・愛国勤労党など、社会経済組織の改革を綱領として掲げる「ファシズム団体」に変貌し、社会民主主義勢力(無産政党)の中からも、赤松克麿や山名義鶴が、ナショナリズムに基づく「国家社会主義」へと運動方針をきりかえたことに、転換を見ている〔中村一九六三〕。こうした動向が、きびしい恐慌にみまわれ、改革を求める大衆の願望をすくいあげてゆく。政党の勢力と、戦争批判の言論も、当面まだ衰えていなかったとは言え、対外戦争は、世間の空気をたしかに変えていったのである。

また翌年、新橋演舞場での新国劇公演では、上海事変で戦死を遂げた「爆弾三勇士」にさしかえられた演目に、観客が日の丸の小旗をうちふり、立って万歳を連呼するようすを、丸山は客席で目のあたりにする。「反動化が、毎年毎年すこしずつひどくなるんです。だから、昭和六年よりは八年がひどい、八年よりは十年がひどい。昭和十二年に近衛の新体制〔ママ〕ができるころはもっとひどい。十六年が太平洋戦争です。〔中略〕その変化のテンポと激変ぶりは、とても口ではお伝えできない」。――満洲事変から五十年近くのちに、丸山はそう回想する。「一歩一歩「世の中」の――日本だけでなく世界の――光景が変わってゆくのです。そうして、それに目の方がなれてくる。それがこわいことです」〔集11-153〜154〕。日中戦争、「大東亜戦争」へと続く経過をふりかえっての発言ではあるが、しだいに世の雰囲気が戦争賛美へと染まってゆく恐怖を、同時代にまざまざと感じていたことは疑いえない。

旧制高校の寮生活

ただ、丸山の個人史に関して言えば、周囲の世界が変わったという印象は、初めて自宅を出て、一高の自治寮に住みはじめたことで、さらに強まっていただろう。十二名ほどが、一つの大部屋に起居するなかで、さまざまな地方からの出身者や、昭和恐慌により困窮した農家の子弟とも、文字どおり身を接するようになる。それどころか一高では、哲学や文藝を中心とする教養や、あるいは蛮カラな気風が重んじられたので、単なる試験秀才には軽蔑の目が集まり、丸山のような一中の出身者は「一高の敵みたいにきらわれ」る運命にさらされた。このころ、旧制高校の学生数は同じ年齢の男子の一分にも満たず、選ばれたエリート青年という共通性はあるにせよ、「実に異質な奴の中に放り込まれて、えらい所にはいってきた」、それが実感だったのである。

後年、教え子たちとの座談会の中で丸山は、個人の成長には「異質なものとの接触」が大事だと語り、自分の場合、高校での寮生活がその最初の経験だったとふりかえっている［座7―60～63］。この「異質なものとの接触」という問題は、やがて丸山の思想の中で、人間観から政治観に至るまで、大きな位置を占めるようになってゆく。「異質なもの」が自分にじかにもたらしてくる衝撃を、いやおうなしに意識せざるをえない、旧制高校での生活。それが、丸山の思索の出発点となった。

突然の逮捕

しかし、戦争の進行と並行して、左翼運動に対する弾圧が強まる状況のもとで、丸山は、国家権力という、けたはずれに荒々しい「異質なもの」からの攻撃にさらされることになる。一九三三(昭和八)年四月、高校三年生になったばかりのとき、治安維持法違反の疑いで警察に検挙され、留置場に拘留されたのである。

きっかけは、戸坂潤や岡邦雄など、マルクス主義を立場とする学者たちが、長谷川如是閑を会長にかつぎだし、学術団体として唯物論研究会を発足させたことであった。二年生のとき設立にたずさわったホッケー会――「部」として校友会に正式に属することが認められず、同好会として始まった――の合宿練習を、春休み中、寮で行なうあいまに、本郷通りを歩いていた丸山は、唯物論研究会の創立第二回公開講演会の貼紙を目にし、弁士として如是閑の名があっために、会場の本郷仏教青年会館へ足を運んだ。

しかし、如是閑の開会の辞も終わらないうちに、壇上の左端に臨席していた本富士署長が「弁士中止」を言い渡し、解散を命じる。そして、監視にあたっていた警官たちが、聴衆の中で共産党の活動家と目される人物を引きだし、警察署の留置場へと連行した。丸山は高校の制服を着ていたために、若い大物と疑われ、本富士署で特別高等警察(特高)の刑事の取り調べをうけることになったのである。

それまで丸山は、恐慌や戦争の社会情勢に対して関心をもってはいたものの、ホッケー会の活動と、文学青年・哲学青年としての読書が、学生生活の中心であった。もちろん、左翼の実践活動にかかわるはずもない。高校に入ってからアブラム・M・デボーリンやニコライ・I・ブハーリンなど、マルクス主義の文献にも触れてはいたが、もっと親しんでいたのは、ドイツの新カント派哲学の著作であった[集10-318、11-145]。ドイツ語の勉強もかねて、ヴィルヘルム・ヴィンデルバントの『プレルーディエン』(一八八三年)、ハインリッヒ・リッケルトの『認識の対象』(一八九二年)といった本を原書で熟読しており、かくある事実の世界に対して、かくあるべき価値の自立という新カント派の方法は、のちに丸山自身のものとして血肉化してゆく。

しかし、思想界の風潮について言うなら、このころはすでに、唯物論研究会の創立に見られるようにマルクス主義が全盛を迎え、他方では、マックス・シェーラーなど人間学の潮流や、エドムント・フッサールの現象学、さらにマルティン・ハイデガーの『存在と時間』(一九二七年)が、続々と日本にも紹介されていた。新カント派は、むしろ丸山が高校や大学で教わった教師たちの世代の定番書である。同じ学年に在学していたのちの建築学者、生田勉が、入学のころから三木清や九鬼周造を愛読し、現象学の理解にも挑戦していたことに比べれば、丸山の読書傾向は古風と言ってよい〔生田勉日記刊行会一九八三〕。

ちなみに、丸山と同じ年に一高に入学した作家や文学者には、猪野謙二、立原道造、寺田透といった顔ぶれがいる。大学卒業後に友人となる杉浦明平も一年上であった。杉浦と同期で入学した森敦は、横光利一に師事し、まもなく一九三四(昭和九)年に、新聞連載小説「酩酊船《よいどれぶね》」で表舞台にでる。また、丸山が高校一年の学年末には、東京帝大一年の保田與重郎《よじゅうろう》が、旧制大阪高校の同窓生とともに雑誌『コギト』を創刊していた。こうした早熟な面々に対して、高校時代の丸山の愛読文藝書はロマン・ロラン『ベートーヴェンの生涯』(一九〇三年)と〔集9-347〕、これも時代遅れの気配がある。

だが問題は、このノンポリで、文化の最新動向には奥手の高校生について、取り調べにあたる刑事が見る姿である。実際には政治運動に加わる意欲などなかったにしても、すでに活動家の疑いをかけている特高刑事の目からすれば、たまたまビラを見て参加した、という弁明は、ますます疑惑を深めるものにしか映らない。如是閑は父の友人で、と言いかけた丸山を、刑事はたちまち殴り、「ばかやろう、如是閑なんていう奴は、戦争が始まったら一番に殺される人間だ」と叫んだ。丸山はたちまち、大震災のさいの大杉栄の殺害を連想し、「あの如是閑さんが虐殺される」と思って、目の前がまっ暗になったのである〔集16－178〕。

留置場での経験

そして、警察の留置場に拘留される経験が、さらに苛酷な「異質なるもの」との遭遇にひきこんでゆく。結果としてはすぐ釈放されたものの、当座はいつまで入れられるのか見当もつかず、もし容疑が確定すればたちまち、学校から放校などの処分が下る。「体を横にする隙間もないほどスシ詰めの豚箱のなかで、スリ、泥棒、感化院を三度も脱走した少年、不渡手形を出した小会社の社長、一言も口を割らないので「大方宗太郎《おおかたそうだろう》」という名でデカが呼んでいた朝鮮人」といった拘置者たちに囲まれ、とりわけ朝鮮人に対する取り調べでの、手ひどい暴力も目にしている。「これで俺の一生はめちゃめちゃだ」と思い、別の事件で検挙され同房に入っていた、一中・一高で一年上の先輩と話しているあいだに、不覚にも涙が流れたという〔集11－378、座5－256、7－59〕。

この一高生、戸谷《とや》敏之は卒業内定をとりけされ放校となり、翌年に法政大学予科に入学し直して大学へ進み、やがて英国と日本の経済史研究で活躍するが、「大東亜戦争」に出征し、戦死する運命をたどる。また、丸山の逮捕の半年前にも、親しい同級生が、活動家との協力を疑われて検挙され、その衝撃から統合失調症を発し、まもなく死んでいる。この同級生は、共産党の協力者どころか、マルクス主義を批判する自由主義者として左翼学生から嫌われていた経済思想史学者、河合栄治郎の愛読者だった。こうした学生たちは、警察と学校当局との協力のもと、授業中に生徒主事から呼びだされ、そのまま本富士署に連行されていった［集11－148、15－157］。このような例を、直接また間接に、数多く見知っていたのである。文科乙類の同じクラス四十名をとっただけでも、在学中に逮捕されたのは、丸山を含め八人にのぼる［集11－120］。

丸山はこうした経験を通じ、多感な十代後半の時期に、時代の激変を身をもって痛感させられた。この世代の若者たちにとっては、勉学と生活の場が、そのまま国家による思想統制の最前線であり、逮捕と取り調べという形で、その暴威が自分の身にいきなり及んできたのである。

自我の目覚め

しかもそれは、国家権力による外からの抑圧だけでなく、みずからの内面にいる敵にも、目をむけさせた。戸谷敏之の前で涙を流してしまったとき、「俺はだらしない人間だ。いざとなると、平常、読書力などを誇っていたのが、ちっとも自分の支えになっていない」と、大きな挫折感を覚えたことを回想している［座7－59］。

子供時代から長谷川如是閑に親しく接し、父親が「國體」の語を鼻であしらったのを目撃して、左翼の文献にもふれてはいた丸山である。もうすでに、この社会が矛盾と抑圧に満ちていることなどわかっている、と軽くわりきって、自分にとってはそんな議論は自明で用ずみと考え、哲学や文学に熱中していたのであろう。

しかし、大した考えもなく、つい講演会に足を運び、うかつにも逮捕されてしまうことで、国家権力の発する暴力を、突然に体感することになった。留置場で涙を流してしまったことは、そうしたこれまでの自分が、実は浮薄きわまりない、たしかな核を欠いた人間であることを、重く自覚させたのである。その思いは、「本物」の思想犯でありながら、むしろそうであるがゆえに房内で毅然としていた戸谷に涙を見られた、恥の感覚とも重なっていた。「思想的にすれっからし」だったという後年の回想には、そうした自分に対する、苦い反省がこもっている。

権力による弾圧という運命に屈し、不安に怯えてしまう自分が、ここにいる。これに対して、外からどのような苦難にさらされようとも、誇りを保ち平然としていられる主体性を、どうすれば心の内に確立できるのか。これを意識しはじめたのが、十九歳の青年丸山における、自我の目ざめと言ってもよいだろう。丸山はのちに、自分たちの世代の青年は、マルクス主義の影響を早くうけ、まず社会問題への関心から出発し、その後、一九三三(昭和八)年の大量転向の時代に入ってから、「俺は一体何者か」という自我の問題を考えるようになった、と論じている〔座5－183〕。これはむしろ、丸山自身が逮捕経験を経て、「自我の問題」、言いかえれば内面における主体の確立という課題を、意識しはじめたなりゆきを、実は語っているのではないか。

内面への統制

さらに、このとき自分にいわれなき抑圧を加えてくる権力の性質が、それ自体、身体を拘束するだけではなく、心の内面にまで深くはいりこみ、統制を加えようとするものであった。特高の刑事は、取り調べの際に、丸山がポケットに入れていた手帖の書きこみを見とがめ、「貴様は君主制を否認しているな」と断じて、執拗に追及したのである。

その数行にはドストエフスキーが「作家の日記」のなかで「私の信仰は懐疑（附注——神の存在にたいする懐疑を指す）のるつぼの中で鍛えられた」といっているのを引用しながら、「果して日本の國體は懐疑のるつぼの中で鍛えられているか」と書いてあった。私はすぐさま「それは何も日本の天皇を否認する……」といいかけたら、言葉の終るのを待たずに特高は「この野郎、弁解する気か」といいざま、私にビンタを喰わせた〔集15－21～22、附注は丸山による〕。

もちろん、哲学書を耽読し、西洋古典音楽や映画に熱中する学生が、「國體」に対する根本からの批判など、考えていたはずもない。父、幹治は、牧野伸顕《のぶあき》や齋藤實《まこと》といった、天皇のそばに仕える「重臣リベラル」ともともと親しく、昭和のはじめ(一九二五~二八年)には、内大臣であった牧野の推薦をうけて、齋藤が総督を務める朝鮮に赴き、『京城日報』の主筆になっている[集16-165、座7-208]。したがって、宮中の内情を伝える噂話を耳にすることも多く、昭和天皇その人に対する眞男の感情もまた、素朴な親しみに近いものだった。寮で「天皇制打倒」の落書を目にしたときには、むしろ不快感を覚えたという。「日本の國體」云々の記述は、政府が左翼運動に対抗して、「國體観念の鼓吹」をすすめることに対する、若者らしい反発を走り書きしたものにすぎない。

治安維持法の時代

だがこのころは、天照大神を祖先とする天皇が国を代々永遠に統治するあり方としての「國體」を、変革しようとめざす運動は、それに協力しただけでも、治安維持法によってきびしい処罰の対象とされた時代である。丸山の逮捕の前年、一九三二年には、「国家主義者たちの「非常時」のかけ声がしだいに国民をとらえだし」、プロレタリア藝術派の文学者や美術家に対する「知識人弾圧」が始まって、この年の検挙者は四百名をこえた、と、やはり一高の同級生で、逮捕され放校処分をうけた、明石博隆の編著が伝えている

〔明石・松浦一九七五〕。作家、小林多喜二が検挙され、築地警察署内で殺されたのも、丸山の逮捕の一か月少し前のできごとであった。

特高による取り調べは、思想でなく外面に表われた行動を取り締まるという、「近代国家の基本原則」が通用する世界ではない。警戒の対象が、相手の思想や信条に及んでいる以上、共産党の組織に加わった事実がないということは、無限に疑いを深めさせるのである。すぐに釈放されたとしても、丸山はそののち助手時代まで、毎年二回は、必ず特高刑事や憲兵の訪問をうけ、陸軍の簡閲点呼に並んだ際にも、一人だけ憲兵に呼びだされ、尋問されるようになった〔集10－178、11－149～150〕。

監視の恐怖

こうした体験が、若き丸山眞男に、「精神の内側に無限に踏込んで行く日本国家権力の性格」を、痛切に思い知らせた。当初はおぼろげだったにせよ、「天皇制の精神構造」に関する考察も、この時にはじまったと見てよいだろう〔座4－104〕。逮捕事件の詳細を、丸山が初めて公に語ったのは、終戦二十周年の日に「八・一五記念国民集会」で行なった講演、「二十世紀最大のパラドックス」(一九六五年八月)においてであるが、その末尾では、大熊信行や福田恆存《つねあり》などの知識人が、占領下に生まれた民主主義を「虚妄」と断じ、日本国憲法を「戯画」とあざけって、それを擁護する丸山を批判したのに対して、こう反論している。

私は、ぬくぬくとした今日の環境の中で、戦後の民主主義などは空虚なイデオロギーだとか、平和憲法なんてたわごとだとかいう、いかにもわけしりの口調をマスコミでいう人を見ると、正直のところ、いい気なもんだなあと思いますが、それにしても、戦後民主主義や日本国憲法への疑問や懐疑が出されることそれ自体は大変結構なことだと思います。もしかりに、皆さんが、戦前に、大日本帝国憲法なんて虚妄だというようなことを公然口にしたらどういうことになるでしょうか。皆さんはただちにつかまるだけではありません。おそらく一生涯、どこでなにをしていようと、国家権力によって、見えないところから皆さんの一挙手一投足をじっと監視される身になることを覚悟しなければならないでしょう［集9-291〜292、傍点は丸山］。

見えないところからじっと監視され続ける、という恐怖は、まさしく丸山自身が十年以上にわたって感じ続けていたものであった。喫茶店での何気ない会話でさえ、ひとたび政府への批判に及べば、スパイの網をはっている特高につつぬけになり、逮捕の口実とされた時代である［座7-19］。「國體」や「天皇陛下」といった言葉に触れるたびに、誰もが声をひそめ、あるいは緊張した姿勢をとらなくてはいけない、社会の空気。それが「虚妄」なかけ声の流布だけにとどまらず、国粋主義者の直接行動や、国家による暴力と直結して、生々しく実在していることを、否応なく知らされたのである。

時代の二面性

これに対して、同じ一高・東京帝大で三年上に在学した文学者、中村光夫は、戦後に座談会で同席した丸山の見かたを批判し、「昭和の国粋主義っていうものはコッケイなもので、だれもあんまり本気では問題にしなかったんじゃないか」と語っている[座3－166]。これも、時代観として一面の真実ではあろう。このころはまだ、日中戦争・「大東亜戦争」期のように、戦争動員にむけて国民生活を幅広く統制することは行なわれていなかったし、共産主義者の弾圧については、報道が制限されたせいで、国民の多くが詳細を知らない。むしろこの一九三三年には、戦争のせいで都市部では景気が上むき、世間の空気も明るくなっていった。大衆雑誌や繁華街の風景はエロ・グロ・ナンセンスの風潮に彩られ、人々の反感はむしろ、軍部や国粋主義者よりも、あいつぐ疑獄事件に表われた政党政治の腐敗に向いていたのである[山本一九九七]。

しかし丸山は、表面では明るくのどかな社会の、その裏をかいま見てしまった。恐ろしい拷問が行なわれ、叫び声が響く留置場から解放されて外に出てみると、街の風景は、まったくいつもと変わらない、のどかな日常生活である。「バナナ屋は相変らず、バナナを人々の前にぶらさげてたたき売り、ゴモク屋の前には人だかりがしてみな言葉もなく、ゴバンの「問題」をみつめている。そうして、本富士署の壁一つ隔てたあのなかでは、すさまじい拷問がいま行われているのだ」〔丸山一九九八a〕。平和な世界の裏側に、反体制分子を巧みに排除してゆく、権力のはたらきが蠢いていることを知ってしまった者にとっては、そのうららかな空気が、むしろ不気味な窒息感をもってまとわりついてくる。

おそらく逮捕のあとの夏、大阪を訪れた丸山は、六月におきた警察官と陸軍兵との間のこぜりあい、「ゴー・ストップ事件」に関して、「一般の市民」の間では、知識人とは異なって軍に対する共感が強いのを目撃することになった〔座1‐255〕。そのこともまた、人々の感情の奥に浸透している、軍国主義の気分の根づよさを痛感させたことだろう。

空気の支配

したがって丸山の目には、「国粋主義」の主張を不合理と批評するだけですませ、その問題を自分とは無関係のものとして切り捨てる、中村のような態度は、呑気なものにしか映らない。神話に由来する「國體」の観念など、深く信じている者は少ないはずなのに、それが初等教育の現場をはじめ、一般の人々に強烈な威力を放ち、公開の批判を、国家権力だけでなく、社会の空気それ自体が強固に封じている。その上に、平和で穏やかな市民生活がなりたっている現実が、すでに恐ろしいのである。

岩波新書から論文集『日本の思想』(一九六一年)を刊行した際、丸山は「國體」の語について、わざわざ正字体(旧漢字)を用いている。当用漢字体の「国体」では、その言葉が昭和初期にまとっていた畏怖感を、伝えきれないと思ったのであろう。見識ある知識人は誰も本気にしていない「國體」の神話が、国家の公定教義として喧伝され、それへの疑問を口にしただけで、危険人物と見なされてしまう。その異常さは、「コッケイなもの」という一言で片づけてよいものではない。

瀧川事件

丸山眞男が逮捕された一九三三年、治安維持法による検挙者の数は、頂点に達することになる。この年の四月、京都帝大法学部教授であった刑法学者、瀧川幸辰《ゆきとき》に対して、学生をマルクス主義に導く「赤化教授」であるとして休職処分を下す文部省の意向が、明らかになった。いわゆる瀧川事件である。これは国家による思想弾圧が、共産党の同調者ですらない、自由主義の学者にも及んだ初めての例であり、京都帝大だけでなく、全国の大学生の間に反対運動が巻きおこった。このとき、京都帝大の経済学部に在学していた兄、丸山鐵雄もまた、運動の中心で活躍し、軍歌「戦友」の替え歌として投稿した「大学の歌」が『大阪朝日新聞』に掲載され、世に広まることにもなった[橋川一九六七]。

だが処分は強行され、夏休みがすぎると反対の動きは終熄にむかい、これを最後に学生の政治運動は、東京でもいっさい消えてゆく。同じ年の六月、共産党の最高幹部であった佐野学・鍋山貞親の獄中からの声明をきっかけに、多数の党員の転向があいつぎ、組織がほとんど壊滅したことも、学生たちの怒りに対し、無力感の冷水を浴びせていた。

この瀧川事件にさいして、丸山幹治は、夏に東京へ帰省し、秋になっても運動を続けると息まく長男に手を焼いて、自重するよう説得してもらおうと、長谷川如是閑のもとに連れていった。ところが反対に、「学生が立ち上がるのは当たりまえだ」と如是閑は弁護し、「大いにやれ」とはげます態度に出たのである［集16－180］。

実のところ、如是閑はむしろ、当時『大阪毎日新聞』の論説委員であった幹治を挑発したのであり、鐵雄に対してはあとで一人呼びだして、運動もほどほどにせよと諭したという。だが、このときはまだ、如是閑も丸山一家も次男の逮捕のことを知らない。突然に自宅を特高の刑事が訪ね、母セイが驚くことになるのは、一年ほどのちのことである［丸山一九九八ａ］。自分の講演会がきっかけで、眞男が逮捕されたことを、もし如是閑が知っていたら、親の方に向けた言葉ではあったにせよ、こういう態度をとっただろうか。如是閑が「鐵雄を盛んに煽動する」と、怒りながら話す父親に、きっと眞男は複雑な思いで向きあっていたことだろう。

2 「近代」への溯行

「政治化」の時代

やがて逮捕の翌年、一九三四(昭和九)年四月に、丸山眞男は東京帝国大学法学部政治学科に入学する。はじめは文学部でドイツ文学を専攻しようと考えていたが、父親と、一高のドイツ語教師、菅虎雄からの忠告によって、法学部に志望を変えたのである。このとき同時に入学試験に通った学生は、法律と政治の両学科をあわせて六五四名。政治学科は高等文官試験を通って高級官僚になるのがふつうの道であり、いわば「つぶし」の効く進学先であった。

あとで述べるように、丸山は卒業後、法学部の助手に採用されて研究者の道に進むことになるが、助手であった一年目の冬に、法学部・経済学部の教官を編集委員とする雑誌、『国家学会雑誌』に、つぎのような文章を寄稿している。

現代は政治化《ポリティジールング》の時代といわれる。諸文化体系は嘗ての自律性を失った。「科学のための科学」の旗幟は色褪せて、今や科学はその頭上に権力を仰ぎその足下に大衆と連なるに至った。イデーよりイデオロギーへ――この趨向はほかならぬ政治学に於て最も顕著である（「一九三六―三七年の英米及び独逸政治学界」一九三八年、集1－82）。

「政治化」（Politisierung）の言葉は、一九三〇年代初頭から、矢部貞治《さだじ》（東京帝国大学、政治学）や黒田覚《さとる》（京都帝国大学、憲法学）が紹介をはじめていた、ドイツの公法学者、カール・シュミットの著作に由来する［集6－97］。丸山は大学二年のときに、シュミットの著書『政治的なるものの概念』（一九三三年改訂版）を原書で手にいれ、表紙がぼろぼろに崩れるまで熟読している［集16－275、小尾二〇〇三］。人々や諸集団が、それぞれの目的を追求しながら活動する領域としての社会に対して、国家はその内部活動に介入せず、せいぜい全体を外から保護し、利害の衝突を調整するのみにとどまる。それが、国家と社会との分立を基本とする「近代」の政治観と国家観であった。それに大きな転換を迫ったのが、この「政治化」の動向にほかならない。

すでに一九二〇年代から、戦時動員や経済計画の運営のために、国家が経済領域に大幅に規制を加え、従来の議会政治に代わって、行政府の強い指導力が全体を動かす体制が、欧米の先進諸国に現われていた。丸山が大学二年の時に聴いた、「政治学」（政治原論）の講義は、行政学担当の教授、蠟山《ろうやま》政道によるものである。この講義は、本来は助教授（のち一九三九年より教授）

の矢部貞治の任務であったが、この一九三五(昭和十)年から欧米諸国へ留学に出たため、その代わりとして供されていた。

蠟山がそのころすでに世に問うていた著書、『日本政治動向論』(一九三三年)は、ドイツの大統領権限の強化と、英国の挙国一致内閣といった政治の変化に加え、大戦後の欧米に見られる「新国家資本主義」や、ソ連の計画経済をもとりあげ、そうした諸国の「立憲的独裁」の体制に、「近代」から「現代」への政治の変貌を見ている。議会政治を旨とする「近代」のリベラル・デモクラシーは、この時「危機」にあるとされ、それを克服する「現代」の方策が求められていた。当時、法学部の学生と教官の親睦組織である緑会は、毎年の夏休みに、出題と審査を教官に依頼して、懸賞論文の募集を行なっていたが、丸山が二年生のときに政治学部門を担当したのは蠟山であり、題目は「デモクラシーの危機を論ず」であった[集11-156]。

国家が経済政策・社会政策を通じて人々の生活に介入し、文化や思想の領域までもが、イデオロギーの宣伝により動員されてゆく。それまで、少なくとも制度設計の建前としてはあった、国家と社会、社会と個人の区別はとりさられ、すべてが強力な「政治」のエネルギーにのみこまれる。国によっては個人の権利や自由の主張も顧みられなくなり、代わって「民族」の共同体の生存と膨張が、動員の旗印になった。

こうした「政治化」の動向は、イタリアのファシズムとドイツのナチズムの勃興、また、満洲事変と思想統制の強化により、日本の知識人にとっても切迫した問題ととらえられていた。丸山も学生として、「デモクラシーの危機」に強い関心を抱いていたことを回想している〔座4－103〕。その熟読した『政治的なるものの概念』一九三三年版や、助手時代に抄訳を発表してもいる『国家・運動・民族』(一九三三年)は、いずれもカール・シュミットがナチズム支配体制の擁護者として活躍した時期の著作であった。

学問の上での興味にとどまらず、特高による追及を受け、監視にさらされながら生活していた丸山にとって、「政治化」はまさに身に迫って感じられるものであった。大学に入るとすぐさま学生課から呼びだしがかかり、特高と、一高と大学とが連携して学生の監視にあたっていることを知る〔丸山二〇〇五〕。国家から自立した学問の場であるはずの大学も、決して安全地帯ではなかったのである。

大学攻撃

また、左翼もしくはその同調者と目された知識人に対する、国粋主義者からの攻撃も、蓑田胸喜《みのだむねき》が主宰する雑誌『原理日本』の大学批判を代表として、日ましに強まっていた。丸山の入学した年には、瀧川事件の「成功」のあと、残るリベラル派の牙城と目された、東京帝大法学部に対する集中攻撃がはじまる。田中耕太郎(商法・法理学)、美濃部達吉

（憲法、ただし三四年三月に退官）、末弘厳太郎（民法・労働法）、横田喜三郎（国際法）といった教授たちが次々と槍玉にあがり、一年の学年末の二月には、末弘の辞職を求めて右翼が大学におしかけるのを、丸山も目撃している［竹内二〇〇五］。

「國體明徴」運動

また同じ月には、美濃部達吉の憲法学説に対する、軍部と政府・政党も含めての攻撃がはじまって、それまで帝国憲法の運用にあたり事実上正統派の地位にあった、美濃部の国家法人・天皇機関説が、政府の公定解釈によって否認されるに至る。二年生の夏休みを丸山は、一高の同級生、猪野謙二とともに宮城県越河《こすごう》の寺ですごし、蠟山出題の懸賞論文にむけ勉強に励んだが、その時、仙台の七夕祭の飾りの中にまで「天皇機関説排撃」の文字があるのを目撃し、タクシーの運転手が機関説批判を口にするのを聞かされている［丸山・梅津ほか二〇〇五］。多くの庶民が政府による宣伝を信じこみ、足なみをそろえて自由な言論を封殺する。そうした状況の到来として、この「國體明徴」運動を、丸山は「大きな時代の劃期」とのちに呼ぶことになる［集15－28］。

この時期、「ともかく、一年、一年と時代の激変は大変なものでした」［集16－184］と丸山は回想する。右派からの非難の的であった東京帝大法学部に学んでいるのに加え、首相（一九三二～三四年）の齋藤實や、内大臣の牧野伸顕と親しい父をもち、伯父の井上亀六が国粋主義側の大物である身にとっては、世の空気の変化は、さらに克明な人物たちの動きとして、生々しい実感をもって迫ってきただろう。昭和天皇その人は機関説を支持していることも、父から聞いて知っていたのである［集15-29］。美濃部はまもなく貴族院議員を辞職し、『原理日本』から攻撃された東京帝大の教授のうち、経済学部で矢内原忠雄（三七年）と河合栄治郎（三九年）が、やがて大学を逐われ、法学部でも蠟山政道が河合の休職処分に抗議して辞職することになる。

「ムード的左翼」

こうした急速な時代の変化を、大学生であった丸山はどう見ていたか。のちにいささかの自嘲をこめて、そのころの自分は「ムード的左翼」であったと回想している［座7-110］。一年生の夏休み、助教授、岡義武による「政治史」講義の提出レポートのために、明治維新後の秩禄処分を研究したときに、マルクス主義の理論家・歴史家による論文集『日本資本主義発達史講座』（全七巻、一九三二～三三年）を読み、近代日本の経済体制と国家に関するその分析に「目からウロコが落ちる思い」がしたという［座5-219］。それ以後、ローザ・ルクセンブルクやルドルフ・ヒルファーディングなど、マルクス主義経済学の古典の読書会を、友人たちとひそかに運営し、自分一人でも、唯物論研究会による雑誌『唯物論研究』や、唯物論全書（三笠書房）の諸著作を、熱心に読むようになった［丸山二〇〇五、座5-230］。

しかし、マルクス主義の文献も、純粋な学術書であれば、伏字つきで刊行を許されていたとは言え、すでに逮捕歴のある学生が読書会を行なうのは、かなり危険な営みである。このときすでに、共産党それ自体が存続しているかどうかもわからず、少し上の世代とは異なって、「党」やコミンテルンに「後光」を感じたことは一度もない、と丸山は断言している〔座5-221〕。したがって勉強の動機も、同時代の日本の政治体制を分析したいという学問上の関心が、当人の自覚としては第一の動機であった。だがその心の奥には、運動にかかわって学窓を去った、幾人もの友人の姿が去来していたのではないか。丸山は監視の網を慎重に避けながら、卒業後も参加者を代えて読書会を続けてゆく。そこには、時勢への抵抗とともに、かつての同級生たちが身を挺した思想を別の形で生かそうとする、一種の弔い合戦の気持ちも、働いていたように思える。

講座派理論との出あい

『日本資本主義発達史講座』は、その当時に進行しつつあった、日本の資本主義の性格をめぐる論争で、「講座派」と呼ばれた側の学者たち、野呂栄太郎・山田盛太郎《もりたろう》・服部之総《しそう》といった人々による仕事である。そこに収められた諸論文は、農村部の地主・小作関係に見られる「封建的」生産様式と、都市部の高度に進んだ「資本主義的」生産様式の両者が、不均衡な形で共存していることに、日本の資本主義の特殊性を見る。そして、そうしたいびつな経済構造の上に、独自な絶対主義体制としての、「天皇制」の政治支配機構がなりたった歴史上の過程を、明らかにしようとした。

これにふれた丸山は、「日本の政治には、軍部とか枢密院とか、元老とか変なもの、立憲主義をすっきりとさせない強大な勢力がある」と中学時代から思っていたこと、そして、都会と農村との生活の激しい落差を、一貫して説明できる理論にであったと感じたのである〔座5－219～220〕。のちに、経済・政治・文化がたがいに連関する全体構造をとらえる点、そして、さまざまな思想に潜む政治イデオロギーをえぐり出す視角をもたらした点で、マルクス主義が近代日本の思想に大きな衝撃を与えたことを、丸山はくりかえし強調するようになる〔集16－49～50〕。それはまた、丸山当人が、日本の近代を考える方法に関して受けた衝撃でもあった。戦後には、明治から昭和戦前期に至る思想の状況に関して、つぎのような分析を語っている。

たしかに知識人の住んでいた世界は観念的にはかなり近代的だったのですが、そうした観念の世界は一般国民の生活を規定している「思想」からは遠くへだたっていて、国民生活そのものの近代化の程度との間に非常な不均衡があった。〔中略〕それがコミュニケーションの発達によって、否応なく「大衆」の動向が政治的にものをいうようになったため、そうした潜在的な社会意識に、軍部ファシズムが火をつけてパッと燃え上がったのではないか（座談会「日本の思想における軍隊の役割」一九四九年、座1-266）。

丸山の見るところ、社会におけるコミュニケーションの拡大が、大衆社会の出現と、すべての人間活動を国家が動員する「政治化」をもたらし、その上に「ファシズム」が成立するという現象は、二十世紀の先進諸国に共通している。しかし日本の場合には、資本主義化の後進性と急速さのゆえに、「封建的」な農村部と、「資本主義的」な都市部との二重構造という、きわめて特殊な条件が、さらに重なっていた。

こうした二重構造は、天皇中心の「國體」を素朴に信奉する「一般国民」と、「近代的」な思想を身につけた「知識人」との、思想世界の断絶をも生んでゆく。教育勅語の発布いらい、一般大衆に対する「国定教科書の修身や国史」、また軍隊の内部教育では、神話に基づく「國體」の観念が強調されるかたわら、高校や大学で学んだ、少数の知識人の間では、天皇機関説に見られるような「近代国家」の制度観が常識となっていたのである。

「日本ファシズム」

しかし、こうした思想世界の二重構造は、「マス・コミの発達、大衆社会状況の進展」によって破綻を見せる。昭和初期においては、知識人の常識が広まるのではなく、反対に政府が、共産主義運動に対する警戒と、戦争動員の必要から、

「國體」に基づく「臣民」の天皇への忠誠を固めるように、教育や言論への介入を強める形で、二重構造の突破がなされたのだった〔座6－48〕。大衆に漠然と浸透していた「國體」のかけ声が、「政治化」の動向を通じて、一気に政治過程に吸いあげられ、政治権力と世論とが一体になって、異論を封じこめてゆく。国粋主義者や軍部だけでなく、内閣や政党、そして一般大衆がそろって「國體明徴」を叫んだ天皇機関説事件は、一国の全体がそうした状況に突入したことを示していた。誰もが「國體」の神話を本気で信じていたわけではないとしても、それに対する批判を許さない空気が、社会をおおってゆく。

このような丸山の分析は、講座派が提起した理解枠組の、政治思想への応用と言ってよい。早い例では「大東亜戦争」期に発表した書評にも、その片鱗が見えるが〔集2－191〕、論文「超国家主義の論理と心理」(一九四六年)をはじめとして、戦後初期の丸山が説いた戦前の社会に関する見解は、この路線で一貫している。もちろん大学生のころはまだ、ここまで明確に考えてはいなかったにせよ、近代日本の政治の中で、立憲主義を「すっきりとさせない」壁の存在を、明らかにしようとする志向が、形をとりつつあったことはたしかだろう。

丸山はしばしば、自分にとってはマルクス主義の問題が重くのしかかっていたと回想し、その世界観への「コンプレックス」〔座5－221〕があったと語るが、それは、日本の近代という問題にとりくむ際に、そもそも講座派マルクス主義を踏み台として、思考を出発させたことに由来するのであった。

「市民社会」の限界

したがって、運動に身を投じるつもりはなかったにしても、「ムード的左翼」であったこの青年は、一面では、「近代」のリベラル・デモクラシーの体制と思想を、すでに没落しつつある資本主義社会の産物として批判し、それに代わる「現代」の政治体制を模索する姿勢を見せることになる。本人の言葉を借りれば、「リベラル・デモクラシーとか新カント派的な二元論なんかは、市民社会を絶対化しているのでダメだ」［座7－110］という気分を、大学時代の丸山は、濃厚にまとっていた。

二年のときの緑会の懸賞論文、「デモクラシーの危機を論ず」については、夏休みにハロルド・ラスキ、アーネスト・バーカー、ジェイムズ・ブライス、ヘルマン・ヘラーなど、英独の政治学・国家学の著作を勉強したものの、論文は書かずに終わる。だが、三年次には夏学期に、教授、南原繁による「政治学史」の講義を聴き、その演習にも参加したのち、南原が出題した「政治学に於ける国家の概念」の題目で懸賞論文を提出し、第二席A（第一席該当なし）の高い評価を得るのである。それは、近代の個人主義に基づく「市民社会」の観念を、「経済人」としてのブルジョアジーのイデオロギーと喝破し、資本主義の高度化にともなって、「個人主義的国家観」は捨て去られ、代わってドイツ・イタリアの「ファシズム」に代表される「全体主義的国家の観念」の時代になったことを、指摘するものであった。

リベラル・デモクラシーの危機

この短い論文は、「近代」の議会制度や政党政治を支えとするリベラル・デモクラシーの体制が、「現代」にあっては危機に瀕している、と当時の丸山が考えていたことを示している。南原繁もまた、いち早く論文「政治原理としての自由主義の考察」(一九二八年)で、「共同体」を重視する立場から「近世」のリベラリズムを批判しており、それは蠟山政道や矢部貞治の政治学が、同じころとりくんだ課題と共通してもいた。やがて助手論文執筆ののち、筆名で総合雑誌に発表した短文「或日の会話」(一九四〇年)で丸山は、「新体制」を唱えて発足した第二次近衛文麿内閣が、強い指導力を通じて経済改革にあたることへの期待を口にすることになる[集1-313]。これも、政権がリベラル・デモクラシーの危機をのりこえる可能性を、「新体制」の宣言に見たものと考えられるだろう。

ふたたび「近代」へ

しかし大学三年の丸山の小論文は、「あらゆる社会的拘束から脱却した自由平等な個人」を前提とする、リベラリズムの「個人主義的国家観」が、金融資本・独占資本が支配する現代では、すでに「市民層」によって顧みられなくなったと説くものの、それに代わって議会政治を極小化した「全体国家」の支配形態や、プロレタリアートの前衛党による独裁を支持することはしない。論文の結論は、「ファシズム国家観」をしりぞけ、個人の国家に対する「否定的独立」を保つことが、新たな「全体主義」の国家論には必要だとする問題提起にとどまっている[集1－31]。

また、大学二年の年度末に受験した、蠟山担当の「行政学」講義の試験答案が残っているが、そこでも丸山は、「官僚が技術の全体性に基いて益々広汎な機能を営むといふことは他方に於て政治が益々デモクラチックな監視と統制に服する必要を減殺するものではない」と、国家の行政活動の拡大を現代の傾向として認めながら、それに対する「デモクラチック」な制御の必要を強調していた[丸山二〇〇二]。現状認識の上では「近代」の政治体制の限界を説いても、実践論としては折衷とも見える態度をとり、「個人主義」の原理と議会の審議手続とが、政府権力を制限する制度を保とうとする。

こうした丸山の姿勢は、先にふれた一九二八(昭和三)年の論文で、人間が生きる上での「共同体」の重要性を説き、現代の思想と政治におけるその復権を歓迎したものの、新しい政治共同体は「自由主義の尊い「自由」の果実はこれを受け継ぎ、みずからの裡に生かすものでなければならない」、と説いた南原繁の「自由主義」再評価に沿うものでもある[南原一九二八]。だが、これを単に、師説の踏襲もしくは迎合と見なすのは適切でない。実は、「ムード的左翼」

でありながら、同時にマルクス主義の発想に疑問をもち、むしろ近代の個人主義やリベラリズムの意味を見なおす志向を、丸山はすでに大学時代に抱いていた。

自由主義者の強靭さ

前に見たように、丸山が大学に入学した前後は、共産党員の大量転向によって、かつての活動家たちが、放蕩息子の帰宅とばかりに、「國體」への帰依を、たとえ偽装にでもせよ公言するようになった。その他方で、たとえば河合栄治郎のような、かつては左翼の敵と見なされた自由主義の知識人が、政府や国粋主義者からの抑圧に対して、きびしく節を守って抵抗するようすを目にするのである。

なだれを打った左翼の転向時代で、しかもきのうまで勇ましい、ラディカルなことを言ってたやつが、たちまちわたしなんかをとび越して右がかったことを言い出し、やがて御稜威《みいつ》とか聖戦とかを口ばしるようになる。むしろ、いままでなまぬるいリベラルだと思っていた人のなかに、反動期になればなるほどシャンとしてくるという人がいる。むろんリベラルにもダラシのないのが多かったけれど。とにかく平素口で言っている思想だけではわからないものだという感じを痛切に味わった［座7-110］。

丸山は大学一、二年と河合栄治郎の講義を二つ聴き、二年次の六月、経済学部の親睦組織「経友会」が開いた講演会「自由主義とその批判」での討論で、河合が左右からのリベラリズム批判の論客に対して、毅然と応戦する姿を目にしている。そして、総合雑誌にファシズム批判を書き続け、二年の学年末に起きた二・二六事件に際しても、『帝国大学新聞』と『中央公論』に論説をよせ、「ファッシスト青年将校」たちを放置してきた軍部当局の責任をきびしく追及した河合について、その評価を百八十度変えることになった［座5－225～226］。

オットー・ウェルスの叫び

だが、外部から加えられる批判や抑圧に対して、「ダラシのない」姿勢をとるか否かというだけのことなら、それは内面の信条とはかかわりない、処世術の問題にとどまるかもしれない。だが丸山は、西欧近代のリベラリズムが唱えてきた、自由や人権の理念への強い帰依が、個人を根本から支え、どんな圧力にも屈しない勇気を与える例に接し、深い感銘をうけていたのである。

一九三三年三月、ドイツの帝国議会で、首相アドルフ・ヒトラーに立法の大権を譲りわたす全権委任法が審議されていた。これに対して、議事堂の外も傍聴席も、ナチ党員がとりまき、罵声がとびかう中で、社会民主党の議員、オットー・ウェルスが、青ざめながら敢然と異を唱えたのである。その演説を、丸山は大学時代にドイツ語の原文で読み、のちまでその言葉を記憶に刻みつけることになる。

「この歴史的瞬間において、私は自由と平和と正義の理念への帰依を告白する」。／「いかなる授権法もこの永遠にして不壊《ふえ》なる理念を破壊することはできない……」。そのあとに、「全国で迫害されている勇敢な同志に挨拶を送る」云々とつづくんです。〔中略〕ここで彼はいかなる歴史的現実も永遠不壊の理念を破壊しえない、という信仰告白をしている。この瞬間での自由と社会主義への帰依は、歴史的現実へのもたれかかりからは絶対に出てこないし、学問的結論でもない。ギリギリのところでは「原理」というのはそういうものでしょう〔座5－316、7－256～257〕。

もともとウェルスその人はマルクス主義者で、近代思想が説いた自由や平等の理念は「ブルジョワ的な歴史的制約」のもとにあるという立場のはずである。しかし、国家権力が極大化し、抵抗者が暴力によって抹殺されてゆく危機にあって、あえてその理念が「永遠にして不壊」であることを強調し、それに対する帰依を宣言しながら、世の大勢に抗したのである。この演説を読んでいらい、「歴史をこえた何ものかへの帰依なしに、個人が「周囲」の動向に抗して立ちつづけられるだろうか」という問題が、頭を離れなくなったという〔座7-257〕。この回想の言葉は、丸山自身の信仰告白でもあろう。

「原理」へのコミットメント

時代の変化はあるにしても、人間が人間として、社会を営もうとするかぎり、決して失なってはならない原理。そうした理念への帰依こそが、個人が「歴史的現実」に対して、一人で抗してゆく強靭さをもたらすのである。のちの回想では、新カント派の著作を先に読んでいたために、マルクス主義の認識論や価値論には初めから共感できなかったと述べているが〔集10-320~323〕、そうした問題関心はむしろ、ウェルスの演説にふれることで、はっきりと抱かれるようになったのではないか。

こうして、「ムード的左翼」であった青年は、しだいに西欧近代の「自由と平和と正義の理念」の普遍性を再評価し、その価値を信じる方向へとむかうようになる。その姿勢は、イマヌエル・カントの哲学をみずからのものとして血肉化した南原繁のもとで助手となり、ひんぱんに接することで確固としたものになっていった〔集10-346〕。大学時代には混沌としたもの思いにとどまっていた思考が、徳川時代の諸思想や福澤諭吉の著作を研究する過程で、言葉になってゆく。研究者としての、そしてまた政治と人間を考える思索者としての、新しい人生の始まりである。

第3章
戦中と戦後の間

東京帝国大学に行幸した昭和天皇と奉迎式
(1940年10月8日.『東京大学百年史 通史2』)

1　明治は遠くなりにけり

天皇と東大

一九四〇(昭和十五)年十月八日、この年の皇紀二千六百年を祝う国家行事の一つとして、昭和天皇が東京帝国大学に行幸した。当代の天皇が東京帝大を訪れるのは、一九一八(大正七)年に全学の卒業式が廃され、成績優秀者に「恩賜の銀時計」を下賜するならわしがとだえていらい、二十二年ぶりのことである(『帝国大学新聞』同年十月九日号)。午前九時三十七分、自動車が大学正門からゆっくりと入り、天皇は大講堂の玄関におりたった。

この年の六月五日付で法学部助教授、高等官(奏任官)となっていた丸山眞男もまた、フロックコートと山高帽を父から借りて、大講堂(安田講堂)内での六百名の「列立拝謁」に並び、「ピンと背筋をのばした姿勢」の天皇の挙措を目にすることになる。

指定された安田講堂に入って見ると、拝謁を賜う高等官で講堂はギッシリ埋まっていた。やがて時が来ると昭和天皇は海軍大元帥の軍服姿でゆっくりと壇の左手から登場し、中央で一同の方を向くと、私達の最敬礼にたいし顔をまわしながら挙手の礼をもってこたえ、右手にまたゆっくりと去って行った。「拝謁」とはただそれだけのことであった。それでもある同僚は講堂を出るなり「御立派ですね」と感慨を洩らした。この同僚ほどの感激は私にはなかったが、たしかに従容として迫らざる威厳を感じたのは事実である（「昭和天皇をめぐるきれぎれの回想」、集15－31）。

天皇が大元帥の軍服を着るのは、そのころの行幸の通例である。陸軍でなく海軍の姿だったのは、ときの東京帝大総長が、海軍造船中将で工学部教授を務めた、平賀譲《ゆずる》だったためであろう。「列立拝謁」につづいて、運動場での「奉迎場臨御」では、平賀総長を筆頭に、全学の教職員と学生が、天皇にむかって万歳三唱を叫んだ。このとき、一九三七（昭和十二）年に始まった日中戦争は、解決の糸口を見いだせないまま四年目に入り、「ぜいたくは敵だ」の宣伝文句のもと、生活物資の統制や、娯楽や服飾の規制もすすみつつあった。すでに「國體明徴」運動をうけて、各学校には文部省発行の冊子『國體の本義』（一九三七年）が配られ、政府は戦争への批判や不満を伝える言論を、きびしくとりしまるようになっている。

このころ、『東京日日新聞』に移った丸山幹治もまた、日中戦争の勃発後には、コラムで戦争の遂行をすすんで支持するようになり、眞男が「お父さんの自由主義もこのごろだいぶあやしくなってきたじゃないか」と詰めよることもあった。これに対して幹治は苦笑し、「いや、おれはほんとうは自由主義者じゃないんだ、新聞主義者なんだ」と開きなおったという〔集8－353〕。戦後に眞男は、論壇で華々しく活躍しながらも、ジャーナリズムに対する不信を、しばしば口にしているが、こうしたやりとりも、その感情の大きな原因になったことだろう。

軍事化する国内体制

先に見たように、この年、四〇年七月に発足した第二次近衛文麿内閣が唱えた、「新体制」の運動に、丸山眞男もまた、内政と外交のゆきづまりを打開する可能性をおそらく見いだして、期待をかけていた。身近な政治学者としては、蠟山政道、矢部貞治、中村哲の三名、また避暑地での親交をもっていた黒田覚〔座9－248〕が、運動の立案者として加わっていたことも、その判断に影響を与えたのではないか。

だが、天皇の東大行幸の四日後、すべての政党が合流した大政翼賛会の発会式で、近衛首相は、強力な政治指導体制を拒否する守旧勢力に対し、大幅な妥協を見せ、運動の挫折が明らかになる。それ以後、翼賛会は、「職域奉公」「臣道実践」へむけ国民を動員する組織としてのみ、定着することになった〔伊藤一九八三〕。

大学の変貌

日中戦争の開始いらい急速に進んでいた、国内体制の軍事化の動きは、大学をも例外にはしておかない。東京帝大の経済学部では、「國體明徴」の立場によった土方成美《ひじかたせいび》と、これに対抗する河合栄治郎とが、熾烈な派閥抗争を続け、土方と河合との二人を休職処分にすることで決着がはかられた〔竹内二〇〇一〕。文学部の国史学科では、「日本精神」の体認と実践を説く中世史学者、平泉澄《きよし》が、陸海軍からの支持をうけながら、学内外で盛んに活動している。リベラル派の勢力がいくぶん強く、右翼からの攻撃をうけた法学部でも、「いろいろな立場や考え方の人」〔集10－184〕がいたと丸山が控えめに述べるように、たとえば刑法学者、小野清一郎が「日本法理」への傾斜を強め、国際法学者、安井郁《かおる》は軍部と交流をはじめて、「東亜協同体」、さらに「大東亜国際法」を唱えるようになってゆく〔秦一九九三〕。

この年、皇紀二千六百年の記念事業として、東京帝大は、『東京帝国大学学術大観』を編纂し、各学部・各講座の歴史と現状を報告することを企画した。ところが法学部と経済学部については、たとえば天皇機関説の弾圧をこうむった憲法講座について、この状況下で客観的に述べるのは難しいという判断から、各教官による論文集の形で刊行することとなった〔集2－160〕。両学部の『学術大観』は合本として、「大東亜戦争」がはじまった直後、一九四二(昭和十七)年の四月に刊行されることになる。

『文明論之概略』の衝撃

そこに丸山が寄稿したのは、論文「福澤諭吉の儒教批判」である。一九三八(昭和十三)年に、岩波文庫から刊行されていた福澤の主著、『文明論之概略』(第四刷、同年十月発行)を、丸山は読んでいた。そして、一八七五(明治八)年の福澤が、そのころの日本社会に加えた批判に、「痛快々々」と感じ、他の著作も含めて、「一行一行がまさに私の生きている時代への痛烈な批判のように読めて、痛快の連続でした」と回想している[集13－39]。

『文明論之概略』の第二章で福澤は、日本の「皇統」が連綿と続いていることを、「金甌《きんおう》無欠、万国に絶す」ると誇る、「國體」論者を批判している。「国君」の家系を続かせることは難しいことではない。王家の存続を云々するよりも、その前提として、他国からの支配を受けないよう、「人民」が自分たちの手に「政治の権」を保っていることが大事であり、そのようにして一国の独立を維持するありかたが、本当の意味での「國體」にほかならない。そう福澤が説いた箇所からうけた衝撃を、丸山はのちにこう語っている。

「金甌無欠」といって意気揚々としている、というのは、また回想になって恐縮ですが、本当に昭和十年代の日本の現実でした。「金甌無欠ゆるぎなき」という愛国行進曲の歌が日本中で響きわたり、日本中が万邦無比の「國體」——福沢のいう意味ではなく！——を誇って「意気揚々」としていました。維新の初めに、福沢などがこれだけ自由にものを言っているのに、現代の日本は何とまあ逆戻りしたものか、日本の近代百年というのは一体何だったのか、と非常に暗い感じにとらえられたものです。その思いは、いまでは戦時中を知らない人々に伝達するのが困難だ、という気がします（『「文明論之概略」を読む』、一九八六年、集13－178）。

批判の内容が今にも通じるというだけでなく、丸山の目の前にある昭和の時局は、「國體」論に対して、福澤のような異論を表明することすら、すでに許さなくなっている。その手にした岩波文庫版の『文明論之概略』も、平安時代と鎌倉時代の天皇たちの「不明不徳」に触れた箇所を、一九三六（昭和十一）年の刷で削除したものであった。皇紀二千六百年の記念刊行物に、福澤に関する研究論文を載せることは、先人の論鋒を借りながら、ひそやかな形で眼前の状況を批判しようとする営みだったのである。

また当時は、この福澤諭吉に関しても、たとえば慶應義塾長、小泉信三が『改造』誌上で、日中戦争の情勢と、日清戦争時の福澤の対外強硬論とを重ねて、その思想に一貫する「国権の皇張」にむけた情熱を、「わが国民精神」の表われとして讃えている〔小泉一九三七〕。慶應義塾の関係者が、福澤の国権論者としての側面をとりあげ、その自由主義思想よりも、戦時の時局に通じる意義を宣伝するようになっていた。

福澤の再評価

こうした動向をおそらく念頭において、丸山の論文「福澤諭吉の儒教批判」もまた、福澤が「国民的自主性の立場」を主張して、つねに「熾烈な対外意識」を抱いていたと説く。だが、福澤の説く一国の独立は、あくまでも、個人の「独立」、すなわち「市民的自由」を求める営みを不可欠のものとしていた。そう丸山は指摘し、明治後半期の朝鮮と清国に対する福澤の論難にしても、それは初期の『学問のすゝめ』などと同じく、「封建門閥制度」とそれを正当化する儒教倫理とを、克服しようとする意識が、根柢にあったと説くのである。小泉信三の国権論評価は、西洋崇拝者、あるいは個人主義者として福澤を批判する、「日本精神」論者からの攻撃に防御線をはり、時流に棹さしながらその思想を擁護する試みであった。それに対して丸山はあくまでも、日本人にしみついた「封建意識」を打破し、「欧州市民文化」を日本に根づかせようとした思想家として、福澤を正面から評価しなおす。

そうした丸山の福澤再評価の姿勢は、「大東亜戦争」のさなか、『三田新聞』から寄稿を求められて書いた短文、「福澤に於ける秩序と人間」(一九四三年)でさらに明確になっている。そこでは、「福澤が我が国の伝統的な国民意識に於てなにより欠けていると見たのは自主的人格の精神であった」と指摘し、その具体相をこう紹介する。

例えば道徳法律が常に外部的権威として強行され、一方厳格なる教法と、他方免れて恥なき意識とが並行的に存在すること。批判的精神の積極的意味が認められぬところから、一方権力は益々閉鎖的となり、他方批判は益々陰性乃至傍観的となること。いわゆる官尊民卑、また役人内部での権力の下に向っての「膨張」、上に向っての「収縮」。事物に対する軽信。従来の東洋盲信より西洋盲信への飛躍、等々――〔集２－221〕。

最後の「西洋盲信」を、「日本精神」の賛美とでも言いかえれば、これはそのまま、丸山が見ていた、昭和初期から戦争中にかけての、日本の政府と国民の姿でもあった。より上位にある者にはへつらい、下にいる者を威張って抑圧する心理は、福澤が『文明論之概略』で、武士の間にみられる「権力の偏重」として指摘したところであるが、これを読んだ丸山は、昭和の軍人たちの姿はまさしくそうだ、と「痛快」に感じ、やがて、終戦直後の論文「超国家主義の論理と心理」でも、これを「抑圧移譲」の原理と名づけるに至る〔集14―201〜202〕。

近代ナショナリズムの論理

こうした病理現象に対して、丸山が福澤の思想の紹介を通じ、理想として掲げるのは、まず個人の一人一人が周囲の環境から精神を引き離して「独立」し、「自主的人格」を確立することである。そしてその上で、それぞれ「国家構成員としての主体的能動的地位」を「自覚」し、政治にかかわってゆくことで、「近代国家」の秩序としての自律がなされる〔集2―220〜221〕。やがて終戦直後には、これを「近代」思想の論理として、簡潔に定式化している。

つまり、近代以前から近代以後への学問の進展というものを、人間の主体性の確立という過程からみると、人間は自然に対して自分の主体性を確立した。次に政治社会というか、政治的な社会、あるいは国家、そういうものに対して人間が主体性を確立する。つまり、政治的な社会、あるいは国家というものは、それ自身、アン・ジッヒの権威をもっているものではなく、窮極においては人間生活というものを、より豊かにする手段であるというふうに考え、これが社会契約説などとなって現れて来る(座談会「新学問論」一九四七年、座1―29)。

ここで「近代」の特質をなすのは、「政治社会というものが自然的秩序から分離され、人為的な秩序として自覚されて来た」ということである。一面でこれは、丸山が戦後に引用した、十九世紀フランスの歴史家、Ｊ・エルネスト・ルナンの講演「国民《ナシオン》とは何か」(一八八二年)に見える言葉、「ナシオンの存在はいわば毎日繰り返される一般投票のようなものだ」に表わされる、「近代ナショナリズム」の論理と重なりあう［講２－23、集５－67〜68］。このルナンの講演は、田中耕太郎が法理学の講義でしばしば紹介したものであった［座８－115］。

丸山の言う「近代ナショナリズム」は、大革命後のフランスと、工業革命以後の英国に現われた国民意識を典型とするものである。またスイスやアメリカの例に見られるように、領土や言語や文化の共有は、その必須の条件ではない。「自由、平等、博愛」といった「普遍的な政治的・道徳的理念」を「民族的プライド」の内実とし、「共通の政治制度」のもとに住まうことを、おたがいの「共属意識」の中核におく。そして、独立した個人が集合しておりなす「自発的な人民の意志」が、その紐帯を不断に確かめるのであり、デモクラシーの制度を通じ、人民がみずから政治の決定主体となることを必然とする［講２－17〜18、38、41〜42］。

同時代批判としての国民国家論

丸山が、すでに戦中期の福澤論や、徳川思想史の論文「国民主義理論の形成」(一九四四年、のち「国民主義の「前期的」形成」と改題)で、こうした「近代ナショナリズム」の立場を、簡単な輪郭にせよ表明したことは、二つの側面で、同時代の政治体制を正当化するイデオロギーに対する批判となっていた。それはかたや、万世一系の天皇が統治する「國體」の理念に基づき、政府と軍部が、「万民翼賛」や「尽忠奉公」や「臣道実践」といったかけ声を通じて、上から国民を動員する体制に対して、人々の一人一人が「自主的人格」を培い、それぞれの判断を働かせ、「主体」として国の政治を担ってゆくあり方を提起する。

そして他面では、「國體」に内在する「八紘一宇」の理念が、日本国家の範囲をこえ、満洲や南アジア・東南アジア諸地域をも包含する「大東亜共栄圏」の支配秩序を正当化するとされたことに対して、改めて国民国家を単位とする、健全なナショナリズムの姿を指し示した。この二点は、丸山の師である南原繁と岡義武が、戦時下に共有した主張でもある[酒井二〇〇〇]。

個人の主体性

だが、先に引用した、終戦直後の座談会での発言で、丸山が「政治的な社会、あるいは国家」とくりかえしていることに注意したい。国家が真に国家としてなりたつには、個人の「否定的独立」が不可欠であるという原理は、学生時代の論文「政治学に於ける国家の概念」もすでに触れているし、同時代の知識人でも、たとえば田邊元のような「京都哲学」の哲学者が、個と全体との「対立的統一」として唱えたことである〔田邊一九三九〕。だがそれが、国家と個人とが否定しあう構造を指摘するのみにとどまるならば、現実に全体の秩序が危機に瀕し、個人の要求をかえりみる余裕がないとされるときには、国家による強引な動員をも正当化してしまうだろう。

しかしここで丸山は、おそらくソサエティという英語、ゲゼルシャフトというドイツ語——人と人がそれぞれの意志に基づいて集まり、作りあげる結社の意味をもつ——を念頭におきながら、国家もまた、一人一人の人間が、「人為」によって結成する「社会」としての性質を本来そなえているという理解を示している。発想は、個人の独立を題目として掲げるのみにとどまらず、そうした一人一人の「主体」が、「人為」を通じて政治権力を統御してゆく、その過程へと深まっている。「主体」としての個人の尊厳性は、論理上、あらゆる政治秩序の成立に先だつものであり、国家が暴力を行使してそれをふみにじることは許されない。

日本思想から「近代」を掘りだす

そしてまた、ここで丸山が理想とする「近代」は、終戦直後に短文「近代的思惟」（一九四六年一月）で述べるように、「近代思想即西欧思想」と見なしてすまされるものではない。たとえば徳川時代の思想にもその萌芽をたどることができるような、人類に普遍の理想であり、規範である〔集3－4〕。そもそも、「近代ナショナリズム」の意味と由来を、丸山が研究対象として考えるようになったのは、助手のころに父、幹治のすすめで、かつて新聞『日本』を主宰した明治の政論家、陸羯南が、「日本国の独立」には「個人の自由」が不可欠だと説いた論説、「自由主義如何」(一八九〇年)を読んだのがきっかけだった〔座7－209〕。西洋思想の受容をへた明治初期の遺産であるにせよ、福澤や羯南といった、日本の論者たちの思想にふれた経験から、自由を中心とする「近代」思想への再評価を、丸山は克明に積みあげていった。

西洋中心主義とのちがい

したがって丸山にとって「近代」とは、ちょうど福澤諭吉が『文明論之概略』で、「文明」とは「相対《あいたい》したる語」だと述べたのと同じように、歴史上、十八世紀、十九世紀の欧米諸国に、完全な形で実在したというものではない。個人がみずからの「自主的人格」をたしかなものとし、「主体」として政治にかかわってゆく「近代」のあり方は、人類がみな、文化の差異をこえてめざすべき理想であり、その意味で、「欧州市民文化」が今のところ先んじているとはいえ、本来は西洋と日本との違いも、これまでどれだけ理想に近づいたのか、その度合いの差にすぎない。——こうした「近代」の理想を、丸山はどうやって肉づけし、みずからの信念として形づくっていたのか。それについては、時間をさかのぼって、その思想史研究者としての出発のようすを探る必要があるだろう。

2　大いなる助走

法学部研究室へ

丸山眞男は一九三七(昭和十二)年三月に、大学を卒業する。回想では、高等文官試験を受けて官僚になるつもりは、はじめからなかったと語っているが、すでに逮捕された前歴があり、試験に合格したとしても、採用を阻まれるという事情もあっただろう。そこで大学三年の秋には、聯合通信(のちの共同通信)に入って記者になろうと思ったところ、父、幹治から「新聞記者は一代でたくさんだから」と反対されてしまう。その時にたまたま、法学部の助手募集の貼り紙を掲示板で見て、その年、南原繁の講義と演習に参加し、懸賞論文に入選していたこともあったため、法学部研究室に属して勉強を続けようと思いたち、応募して審査を通ったのである[集11-154〜157]。

法学部の助手は、ちょうど丸山の採用のすぐ後に、任期が二年から三年に延長になったが、その間、『国家学会雑誌』の編集などの仕事をこなしながら、研究者としての能力を示す論文をしあげるのが義務である。丸山は南原の指導のもと、西洋の政治思想史の研究を志したが、任期をおえた後の研究者人生が、保証されているわけではない。そのころは大学の政治学講座は全国でも数が少なく、助手採用が内定し、年の暮に研究室を訪れた丸山に対して、南原は「田舎に行って中学の先生になるつもりがあるか」と念をおした。丸山の方もまた、自分が大学教授になれるとは、その時は思わなかったという〔集10－177、座9－290〕。

時局講座の転用

ところが、南原の側には別の思惑があった。そのころ文部省は、「國體明徴」運動の重要な一環として、帝国大学に「國體学」講座を設置する方針をうちだしていた。丸山が南原の研究室を訪れたのと同じ一九三六（昭和十一）年十二月には、東京帝大の文学部にその予算が計上され、やがて三八年一月、「日本精神」論者の平泉澄が兼担する、「日本思想史」講座として実現する。京都帝大の文学部にもまた、「日本精神史」の講座が三七年十二月に設けられ、西田直二郎（国史学）と高山《こうやま》岩男（哲学）の二人が兼担していた。

しかし東京帝大の法学部では、南原を中心として、この「國體学」講座の企図を、ほかの形で利用する案が練られていた。すでに法制史については西洋と日本との二つの講座があり、以前から、東洋政治思想史の新設を文部省に求めていたが、「國體学」の枠を使って、これを通そうと考えたのである。この「日本並ニ東洋政治思想史」の講座は、「政治学、政治学史第三講座」として、一九三九（昭和十四）年三月に、設置が正式に決まるが、文部省に提出された講座設置理由書は、「今ヤ東亜新秩序建設ノ重大ナル時局ニ際会シ日本文化並ニ東洋文化ニ関スル学術的研究ヲ振興シ興亜ノ大使命遂行ヲ担当スベキ有為ノ人材養成ノ施設ヲ講ズルハ極メテ緊急ヲ要スルモノアリ」と述べている〔東京大学一九八五・資料二〕。予算上は、日中戦争下の時局講座として、新設の交渉が進められていたのであった。

だがこのとき南原は、世上にはびこる「日本精神」論ではなく、客観的な学問として日本の思想を研究し、いかがわしい「國體」賛美のかけ声にむしろ批判を加える、研究と教育の場として、この講座を運用しようと考えていた。丸山の言葉によれば、「時局的な学問対象であった日本思想史に対しておよそ非時局的なアプローチをする」学問を育てること〔集5－293〕。南原はそれを担う人材として丸山に期待し、二度目に研究室を訪れた当人に、西洋でなく「日本の伝統的思想あるいは中国の古典の政治思想」を研究するよう強くすすめ、「順当に事が運べば君をスタッフの一人としたい」と、助手論文の出来が出色なら、助教授への昇任もありうることを切りだしたのである〔集10－177～180〕。

予想外の進路　この言葉に丸山は驚き、とまどった。はじめから研究者になろうと真剣に思っていたわけではなく、南原の学問に対しても、助手応募の当座はむしろ、左からの「批判者」の気分でいる。まして、もし助教授になってから逮捕歴が問題にされれば、累は南原と法学部教授会にもおよぶだろう。日本の伝統思想と言われてまず思いつくのは、国粋主義者の「日本精神」論であり、南原の示唆には、「あんなのはいやです」と即座に答えたのである。しかし今さら採用を断るわけにもいかず、「いやいやながら」徳川時代の儒学に関する史料や研究文献を読みはじめることになる［集11－158〜160］。福澤諭吉の著作に触れたのも、この時期のことであった。それと並行して、文学部で平泉の「日本思想史」講義、また、和辻哲郎の「日本倫理思想史」講義を、南原の指示により聴講している。

津田左右吉の受難

「東洋政治思想史」の講座が発足するのは、丸山の助手任期の最後の秋、一九三九年十月のことであった。最初に講義を担当したのは、早稲田大学から非常勤講師として呼ばれた歴史学者、津田左右《そう》吉《きち》である。津田は記紀本文の厳密な読解によって、日本の神話を批判的に検討したことで知られており、岩波新書で刊行した著書『支那思想と日本』（一九三八年）が軍部や右翼から論難を受けてもいた。「どうだ、よい人選だろう」と、南原は得意げに、丸山に向かって語ったという［集10－188］。しかし、中国古代の政治思想をとりあげた、この講義をきっかけにして、津田は『原理日本』など国粋主義者から執拗に攻撃されることとなり、翌年、一九四〇年には早稲田大学を辞職させられ、四つの著書が発禁となり、さらに出版法違反で起訴されてしまう。そうした緊張のさなか、丸山は助手論文を完成し、四〇年六月、教授会での審査をへて助教授に昇任することになる。

助教授発令の辞令をうけ、「叙従七位」の位記が自宅に届いたとき、「浄土真宗の篤い信者」だった母、セイは、それを仏壇にあげ、手をあわせた。だが父、幹治は一瞥しただけで、正一位の「お稲荷さんにはまだ遠いな」と哄笑したという〔集15－30〕。

徳川思想史研究

丸山の助手論文は、朱子学を批判し、経典の独自の解釈を通じてみずからの学派を作りあげた江戸の儒学者、荻生徂徠《おぎゅうそらい》を中心にすえ、徳川時代の思想史を通観した作品、「近世儒教の発展における徂徠学の特質並にその国学との関連」として、同じ年、『国家学会雑誌』に掲載されている。

徳川時代と明治時代の思想家の著作を、とにかく手あたりしだいに読む中で、福澤と並んで徂徠が、「断然光って見えた」〔集13－38〕のである。助教授への昇任審査の委員として、この論文を読んだ矢部貞治は、四月十八日の日記に、「非常に優れたいゝ論文だ。徂徠の把握など非凡なものを示してゐる」と記した〔矢部一九七四、刊本の表記「組織」を誤読とみなし「徂徠」に改めた〕。このとき法学部の教授・助教授の在職者数は三十二名であるが、そのうち政治学系の教官は、神川彦松（外交史）、高木八尺《やさか》（米国政治史）、南原繁（政治学史）の三人が五十歳すぎの年長者で、あとは三十歳代末の矢部貞治（政治学）と岡義武（政治史）を加えた五名にすぎず、実に十二年ぶりに採用される新人への期待は高いものだった。

荻生徂徠

そもそも荻生徂徠に注目したきっかけもまた、「時局」に対する丸山の批判意識から発したものである。そのころは、紀平正美《きひらただよし》や山田孝雄《よしお》などの「日本精神」論の盛行、また「國體明徴」運動と皇紀二千六百年の記念事業を通じて、『古事記』をはじめとする日本の古典をもとに、「大和心」を説きあかした思想として、本居宣長の国学が盛んに讃えられていた。これに対して丸山は、宣長が徳川時代の「教学」であった儒学に対し、その「欺瞞性」を暴露する論陣を張ったことに目をつける。

宣長は、儒学、とりわけ朱子学の倫理を、理窟によって人の「真心《まごころ》」を束縛しようとする、中国風の「漢意《からごころ》」の所産と見なし、それは支配者が、高邁な理想を掲げ人々を手なずけるためにこしらえたものにすぎないと批判した。丸山は、みずから直面する昭和の「教学」への反発もあってこれに関心をもち、村岡典嗣《つねつぐ》(東北帝国大学教授、日本思想史)の国学研究を手がかりにして、宣長の思想形成に影響をあたえた徂徠の儒学思想へと、さかのぼったのである〔集16－51〕。村岡はまた、「東洋政治思想史」の講義担当には、津田に次ぐ適任者と南原が評価していた学者であり〔丸山・福田一九八九〕、津田が担当した翌年から、丸山が講義を始める(一九四二年十月)まで、三年度にわたって非常勤講師を務めてもいる。

丸山の助手論文は、徳川時代の儒学思想の内部で、「近代意識の成長」が始まり、やがてそれが、荻生徂徠という転機をへて、国学という対立物を生むに至った、「思惟様式」の変遷をたどっている。ここで「近代的なもの」の指標とされるのは、それまでひとつながりのものと考えられていた政治の世界と人間の道徳との間に、鋭いくさびが打ちこまれ、「公的」な領域に固有の論理が認められるとともに、「私的」な領域での個人の活動が、多様なものとして解放されることである［集1－226］。

当時の丸山が、徳川時代の身分制支配を正当化する「イデオロギー」と考えていた――戦後にさまざまな批判をふまえ、この点の歴史理解は修正されるに至るのだが［集12－98］――、朱子学の思想体系は、天地自然の運動法則と人間界の秩序とを、同一の理法が貫いているととらえ、その両面の「道」を身分道徳に従属させた。これに対して徂徠は、儒学の経典が説く人間の「道」とは、あくまでも統治のための制度として、中国古代の君主であった「先王」すなわち「聖人」が作ったものであり、自然界の理法とは別物だと切りわける。そして秩序と個人との関係についても、「公的＝政治的なもの」としての「道」の外側に、「私的＝内面的生活」としての「人間の自然的性情」を解放した［集1－229］。

「政治の発見」

丸山はこのように解釈し、十六世紀のフィレンツェで、ニッコロ・マキアヴェッリの『君主論』が「政治の固有法則性」を指摘したのと似た、「政治の発見」を徂徠に見る［集1－205、213］。そして、「政治」が支える、制度に枠づけされた秩序のもとで、「諸々の文化価値の独立」がなされ、心情の赤裸々な解放と、さまざまな信条への「寛容」が確立することが、「近代意識の成長」だと説いて、徂徠から宣長に至る思想の系譜には、その萌芽が見られるとした［集1－206、289、304］。大学時代の丸山がその意義をふりかえるようになった「近代的なもの」は、ここに初めて、明確な形をとるに至ったのである。

ただ、論文の全体の枠組は、元禄期から享保期にかけての、商品経済の発展による「社会的変動」を、徂徠学の登場の背景に見いだすもので、マルクス主義歴史学と、カール・マンハイムの知識社会学に、多くを負っている。マルクス主義の思想が「学問の本質的な党派性」を説くのに対し、思想の背後にひそむ階級意識を暴露するのみにはとどまらず、社会の階層変化と関連づけながら、思想それ自体の発展を別箇に描きあげる手法を、丸山はマンハイムから学んだ［集12－90］。

マルクス主義への批判

他面で、そうした視座から徂徠の思想を分析することを通じ、マルクス主義の思想体系からは抜け落ちてしまう、人間の営みにおける「政治」の固有性を、丸山はっきりと見いだすに至った。戦後に丸山は、スターリン体制をはじめ、日本の学生運動に至るまで、マルクス主義者たちの思考が「政治の論理」を欠落させていることを、きびしく批判し続けることになる。こうした「政治的なるもの」〔集1-248〕への視線は、すでに助手論文で、徂徠の議論と、カール・シュミットの著作とを読みあわせることで生じている。たとえば、徂徠の思想を儒学の「政治化」と呼び、その「聖人」像についても、秩序を一挙に創出する絶対性、「彼岸性」を強調するところには、シュミットの影響が色濃い〔集1-197、218〕。

「作為」の論理

しかし、個人や集団のさまざまな活動から、「政治的なもの」が独立し、全体を管制することが「近代的」だと指摘するだけなら、それは国家主権の弁証にはなりえても、ドイツ帝国議会でオットー・ウェルスが叫んだような、個人の「自由」を、秩序の前提条件としてしっかりと位置づけるには至らない。ワイマール共和国の議会民主政を批判してナチズム体制の桂冠学者に昇りつめたものの、まもなく失脚し攻撃にさらされたシュミットの運命に、丸山はオポテュニストの悲哀を見ていたことだろう〔集1-74〕。そうした助手論文の欠落を、助教授に昇任したのちに書いた論文第二作、「近世日本思想史における「自然」と「作為」——制度観の対立としての」(一九四一～一九四二年)は、埋めようと試みる。

今度は、徂徠が「道」を「先王の立つる所」と説き、人間の「作為」によって秩序を基礎づけたことに、丸山は焦点をあてた。かつて人間世界に秩序をもたらした「聖人」の絶対性は、シュミットの『政治神学』(一九二二年)を引用し、同書がとりあげる、超越神と国王とを類比するルネ・デカルトの書簡(一六三〇年)にもふれることで、助手論文よりもいっそう強調される[集2-45〜47]。

しかし同時に、徂徠がうちだした「主体的作為の立場」は、ドイツの社会学者、フェルディナンド・テンニースが『ゲマインシャフトとゲゼルシャフト』(一八八七年)で「近代市民社会」の原理としてとりあげた、「ゲゼルシャフトの論理」へとつながる芽を含むと丸山は指摘する[集2-22、32]。人と人とが、選択意志(Kürwille)——丸山はこれを「形成意思」と訳し、のちに『日本政治思想史研究』英語版は"rational will"としている——によって社会関係をとりむすび、あるいは改廃してゆくこと。もちろん、徂徠が「作為」の主体として考えたのは、古代の「聖人」と、あとは代々の為政者にとどまるが、いったん「作為」の原理がとりだされたことによって、思想の発展の歴史は、もはや引き戻しえない新しい段階へ至った。それは一時の没落をへながら、「隠然たる進展」[集2-120]として続き、やがて明治初期に、福澤諭吉や植木枝盛が、万人が「作為」の主体となる、西洋の社会契約説を受容することで、頂点に達する。

国家に先だつ「人間仲間」

この第二論文の画期性は、助手論文での「政治」の固有性の指摘に加えて、そうした「政治的なるもの」がなりたつ以前に、どんな公的権力も侵してはならない道徳秩序が、論理上、存在するはずだと説いた点にある。最終節で丸山は、福澤諭吉の『西洋事情』外編における「小弱無力の者相共に謀て人々の通義を達し、生命を保護するため」という言葉、そして、植木枝盛『民権自由論』の「自由と申すものは箇様に尊いが故、十分十全に之を保ち之を守り行かんと思ひ」という箇所を引きながら、国家は一般の人間どうしの「定め」によって建てられたとする彼らの説を紹介している［集2-118］。つまり、個人が純粋に「私的」な世界から踏みでて、「自由」や「通義」(right の訳語)といった共通の価値を奉じ、それを守るため他者との間に約束をとりむすんで、「人間《にんげん》仲間」(丸山が引く小川為治『開化問答』初篇〈一八七四年〉の中の言葉。ソサエティの訳語であろう)を結成する。このようにして、たがいの「主体性」を承認する、対等な「仲間」の道徳秩序がなりたったのち、はじめてその上に、支配権力を担う「政治的なるもの」、そして国家が築きあげられる。

第二論文の意義

かんたんに整理すれば、助手論文は公私の領域の分離を構図として描き、全体を管制する政治権力のもとで、「私的」な活動がさまざまに展開するという「寛容」の体制を、「近代的なもの」と呼んだ。しかしそれは、「政治的なるもの」の担い手が、その支配下に生きる個人のありのままの欲望や心情の発露を許すというだけで、場合によっては統治者の恣意による専制とも両立してしまうだろう。丸山が福澤論の記述にもりこんだ見聞が伝えるように、戦時日本の強力な統制のもとでも、私欲からそれをかいくぐる、「免れて恥なき意識」が横行していたのである。それが権力に対する抵抗に結びつくことはなく、したたかに監視の目を逃れて欲求を満たそうとする庶民は、同時に憲兵に密告して隣人を売る人々でもあった。「主体」どうしの道徳上の結びつきが失なわれ、個人が放埒な自我のまま、ばらばらに放り出された地平に、強大な政治権力がおおいかぶさっていたのである。

これに対して、個人の自由の確保と、政治権力に対する批判とを、倫理としてしっかり基礎づけるには、ありのままの自我の「私的」な内面と、権力が規制する「公的」空間との間に、たがいの自由と権利を維持すべく、「主体」どうしが結びあう道徳秩序を、考えなくてはいけない。すでに先まわりして検討した、福澤諭吉の思想に見える「近代ナショナリズム」への高い評価も、こうした中間の領域にある、「人間仲間」のつながりを保つのに有力なたすけとして、それを位置づけたものと言えるだろう。

「政治的なるもの」の存立に先行するものとして、「人間仲間」の道徳秩序が考えられるという見解は、丸山自身が明確に述べているわけではなく、第二論文の最終節の引用に注目し、

「人間仲間」と国家とを読みわけると、見えてくることがらにすぎない。この「人間仲間」の外縁をどう区切るのか。その結成は強制力のはたらきと本当に無関係なのか。「内奥の心情」〔集1-289〕に動かされる生身の個人は、自由と権利の価値を内面化した作為の「主体」へと、どうやって陶冶されるのか。そうした諸問題も、空白のままに残されている。

ジョン・ロックの自然状態

しかし戦後の論考「ジョン・ロックと近代政治原理」(一九四九年)では、ロックが『統治二論』(一六八九年)で説いた社会契約論について語り、その理論によれば「政治社会以前の自然状態」に「人間相互の連帯性」があると指摘している。自然状態においては、「神への被縛性の意識」が、人間の理性をつき動かして、強制権力などないままに、「自由と規範との内的結合」が生まれているのである〔集4-192〕。これと読みあわせるなら、ありのままの個人と、倫理を内面化した「主体」がおりなす「人間仲間」と、政治秩序との三つの層を、第二論文が示す「近代」の秩序原理に読みとってもいいだろう。助手論文と第二論文は、やがて丸山の最初の論文集『日本政治思想史研究』(一九五二年)に収められることになる。

もともと「ムード的左翼」で、自由や平等の理念など、没落期にあるブルジョア階級がみずからの支配を何とか合理化しようとするイデオロギーであるとして、見くだす気分でいた丸山は、ここに来て、「近代」における「自由」と「通義」(権利)の価値を強く認め、その内面化を説くようになった。周囲の学者では、河合栄治郎や南原繁、また田中耕太郎が、時流に抗し毅然と立つ姿に、身近にふれていたことも、そうした思想の転回をあと押ししたことだろう。

近代の理念に賭ける

そしてまた、ナチからの迫害をうけていたオーストリアの法哲学者、ハンス・ケルゼンの論文、「プラトンの正義論」(一九三八年)の末尾の一節も、念頭にあったはずである。丸山は英文の初出誌で読んで感銘をうけ、ノートに写して暗記したという[集16−264]。編集者、小尾俊人の筆録によれば、それを丸山は口頭でこう要約していた。

絶対の正義は存在しない。しかし人は執念を持つものだ、それによって動くのだ、それがどんなにイリュージョンであっても、イリュージョンの方が現実よりも強い。人間というものは、たとえ血と涙の道であってもプラトンの道を歩むのだ[小尾二〇〇三]。

ケルゼンは一九四〇年、アメリカへと亡命することになる。プラトンのように、絶対の真理や正義がたしかに実在するという確信をもつのは、価値の相対性に慣れきった現代の知識人にはむずかしい。しかし、巨大な権力が個人をふみにじる、恐るべき現実を目のあたりにするとき、人間は、それが理論の上でも実践においても困難な道だと知りながら、あえて幻影としての自由や権利の理念に、訴えざるをえなくなる。「イリュージョンの方が現実よりも強い」。そうした回路を通じて、丸山もまた、「近代」をみずからの理想として、血肉化するに至った。それは本人の言葉を借りれば、単なる言葉づらでの復唱ではなく、「ほとんど生理的なものとして自分のなかにある」と言えるほど、強い帰依の感情をともなっていたのである［座7－108］。

日本社会の病理

このように視線の方向を「近代」の理念に定めると、そうした理念の現実化をはばむ、日本の状況が、ますます抑圧性を帯びて目に映ってくる。福澤や植木、そして自由民権運動が唱えた社会契約論の潮流が、明治時代の後半になると、明治政府の「封建的」な秩序思想に圧倒されてしまったなりゆきを、第二論文は末尾で語っている。「「作為」の論理が長い忍苦の旅を終って、いま己れの青春を謳歌しようとしたとき、早くもその行手には荊棘《けいきょく》の道が待ち構えていた。それは我が国に於て凡そ「近代的なるもの」が等しく辿《たど》らねばならぬ運命であった」［集2－124］。

まして、マスメディアも周囲の人々の声も、ナチス・ドイツとの同盟、米英に対する戦争への熱狂的な支持にむかう、「大東亜戦争」の直前から戦中にかけては、丸山にとって、周囲の現実がまったくの異世界のように感じられた。ドイツ・イタリアよりも、自由とデモクラシーを掲げる英米の方が正義に近く、戦争は何としても避けるべきだと信じるものの、周囲がすべて正反対の声をあげ、その空気が日に日に強まる中で、自分の信念をしっかりと保つのは難しい。丸山と同じ考えだった岡義武ですら、「我々の方がどうかしているんじゃないか」という思いにとらわれる、と真剣な顔で告白したことがあったという［東京大学政治学研究会一九九三］。

先に、福澤論に関してふれたように、戦後に丸山が、「超国家主義の論理と心理」（一九四六年）にはじまる一連の著作で、「近代意識」の成長を抑えこむ日本社会の病理としてとりあげた特質は、ほとんど戦中期の文章で出そろっている。この時期の丸山は、大枠では「近代」にむけての発展という、世界の歴史を縦に貫く一つの運動を通観する視点に立っており、西洋文化と日本文化との違いに着目し、横の平面での「文化接触」の問題を考えるようになるのは、終戦直後に欧米の最新文化が一挙に流入し、「異質的な文化の、火花をちらす接触」を目のあたりにしてからである［集11-180］。

しかし、近代の日本人は西洋の文化を輸入しても、それを在来の伝統と関連づけることなく、「無媒介的併存」のままに放置する傾向を、丸山はすでに戦時中の書評で、カール・レヴィットの論文「ヨーロッパのニヒリズム」（一九四〇年）を引きながら指摘している［集2-194］。日本の思想や文化の、歴史を貫いて存続する特殊性へのまなざしは、このころすでに芽ばえてもいた。これはのちに、「文化接触」への着目をへて、一九六〇年代以降、日本思想の「原型」「古層」を切りだす問題意識へと、成長してゆく。

3　八月十五日――終わりと始まり

軍隊経験　日本社会にしみこんでいる「抑圧移譲」の病理の深刻さを、丸山はやがて、従軍経験によって、その身で痛感することになる。すでに「大東亜戦争」の戦況が悪化していた一九四四(昭和十九)年三月、一高の同級生の妹、小山ゆか里と結婚し、杉並区天沼に新居を借りていた丸山は、七月、サイパン島陥落の報道に接する。その直後、家に訪ねてきた鶴見和子――コロンビア大学への留学を中断して帰国したのち、研究室をたびたび訪れていた――を相手に、「日本はもうお手上げで、戦争はこれで決まった」と話している最中、召集令状が届いたのである[集15-163]。

このときすでに三十歳、長野県松本の連隊による、陸軍二等兵としての教育召集であった。東京帝大の教授・助教授が徴兵されることは珍しく、まして二等兵の例はほかにない。おそらくは思想犯としての逮捕歴を警戒した、一種の懲罰であった[田舛ほか二〇〇五]。大学卒業者には、召集後でも幹部候補生に志願すれば、将校になる道が開かれていたが、「軍隊に加わったのは自己の意思ではないことを明らかにしたい」と、あえてそれを選ばず、丸山は二等兵のまま、所属部隊ごと朝鮮の平壌へ送られた[福田二〇〇〇]。

朝鮮での兵営生活は、二か月後、栄養失調から脚気を発し入院したために短いものに終わったが、丸山にとってまるで地獄のように感じられた。陸軍は海軍に比べ「擬似デモクラティック」だったとしばしば語っているが、それは、もともとの職業や地位をいっさい無視し、兵士としての階級のみが序列を決めるという意味である[座1－260]。そもそも高学歴の入営者は珍しく、中学にも進んでいない一等兵が、大学出の二等兵に劣等意識を抱きながら、それゆえに執拗にいじめぬく[座1－272]。丸山は「おーい、大学生」と呼ばれていた。彼らにとっては、大学に入っていることがすでに縁遠く、学生も教官も同じことだったのである[丸山・梅津ほか二〇〇五]。下士官や上等兵からも始終殴られ、たとえば点呼のさい、「朝鮮軍司令官板垣征四郎閣下」とよどみなく叫べるか否かまで、きびしく咎められる[座1－170、269]。これもまた、かつての留置場での経験と並んで、「異質なもの」との遭遇を、無理やりにつきつける場であった[座7－63]。

朝鮮という場所

しかも場所は、帝国日本の植民地、朝鮮である。「最も意地の悪い」しうちを加えてきたのは、陸軍兵志願者訓練所で徹底した「皇民化」教育をうけて入営した、朝鮮人の一等兵だったと丸山は回想している〔丸山・梅津ほか二〇〇五〕。戦後にアンドレ・カイヤットが監督したフランス映画、『眼には眼を』(一九五七年)をめぐって加藤周一と対談したさいの発言が興味ぶかい。映画の筋は、レバノンの病院に勤めるフランス人医師が、当人にとってはささいなきっかけで、現地のアラブ人の深い恨みを買い、執拗な復讐を受けるというものであった。これを見て、平壌でのつぎのような経験を思いだしたと語る。

> 行軍の前を荷車の引〔ママ〕っぱっている朝鮮人が横切る。指揮官がこらッ！　と大喝すると、ヘイヘイと卑屈に頭をさげて、あわてて牛をひっぱって列をよける。やりすごしながら朝鮮人がこっちをじろっと見た。そのときの眼がとても印象的でやりきれなかった〔座2―197〕。

カイヤットの映画の医師のように、たとえ自分では良心をもって接していると思っていても、植民地支配をうけている「現地民」からすれば、しょせん、憎むべき支配者の一員にすぎない。

親切にすればするほど、むしろ差別をかぎとって、怒りをつのらせることもあるだろう。表むき従順に道を譲り、あるいは忠良な「皇軍」兵士となるべく励んでいても、その奥には、底しれない反感が潜んでいる。そうした複雑な怨恨感情にも、丸山は従軍経験を通じて直面させられた。

植民地支配の責任

こうして、政府のみならず日本人の全体が、植民地支配と戦争を通じて、朝鮮半島や中国に悲劇をもたらしたことを、丸山は強く意識し続けることになる。やがて知識人の責任をめぐる井狩正男と鶴見俊輔の問題提起をうけ、「戦争責任論の盲点」(一九五六年)では、侵略戦争の責任は、第一には天皇と政府にあるとしながらも、「少くも中国の生命・財産・文化のあのような惨憺たる破壊に対してはわれわれ国民はやはり共同責任を免れない」〔集6－160～161〕と論じた。直接の対象を昭和期の中国侵攻に限っているとはいえ、戦後日本の知識人としては、アジア諸国に対する一般国民の「道徳的責任」に言及した、早い例に属するだろう。

晩年にはまた、もと「慰安婦」と強制連行労働者への、日本政府の国家補償を求める声明に、一九九五(平成七)年六月と翌年四月の二回、坂本義和や安江良介とともに名を連ねている(『世界』六一一号、六二三号)。戦争責任を論じ、声明に加わったとき、丸山の心には、牛車を引く朝鮮人の視線が、再びつきささっていたのではないか。近代中国のナショナリズムを一貫して高く評価し、毛沢東の人民公社路線に対してすら、過大な賛辞を加えたのも［座４－194］、おそらく贖罪の意識と無縁ではない。

この苛酷な軍隊経験も、たまたま病気にかかったせいで終わり、十一月、丸山は東京に戻ることになる。そして、日本の敗色が濃くなる中、南原繁からは、近衛文麿、木戸幸一など、宮中や重臣の人々に働きかけ、海軍の協力をえて陸軍の徹底抗戦論を抑え、戦争終結にもちこむ構想をきかされ、岡義武もまた、終戦にともなう混乱を避けるには、皇族を首相にすえた政権がふさわしいと丸山に語った［丸山・福田一九八九］。また、鶴見和子からはアメリカでの対日戦後処理方針をめぐる議論のようすについて、情報をえる［集15－163］。したがって、いずれ日本は連合国に降伏するという見とおしはついたが、それは陸軍の主張どおり、米軍との本土決戦ののちになるかもしれず、運命について五里霧中の気分でいるなか［座２－212］、四五（昭和二十）年三月、再び召集をうける。

ポツダム宣言　このたび丸山が配属されたのは、広島市宇品《うじな》町の、陸軍船舶司令部である。やはり二等兵（六月に一等兵に昇進）であるが、参謀部情報班で船舶情報と国際情報を収集する仕事に回され、平壌のときに比べれば苛酷さは小さい。そこで七月には連合国のポツダム宣言を新聞で読み、もし降伏勧告を受諾したならば、日本政府は「言論、宗教及思想ノ自由並ニ基本的人権ノ尊重」に努めねばならない、という文言に「からだ中がジーンと熱く」なり、傍受していた米軍の短波放送でも基本的人権の言葉を耳にして、「初恋の人にめぐりあったような気がした」という［座2－207、石井一九九六］。丸山の心の内では、この時すでに、大日本帝国は倫理の上で敗北していたのである。

しかし、そんな思いを司令部の中で口にするわけにはいかない。反抗する勇気などないまま、求められる任務を粛々とこなし、時には上官の顔色をうかがうこともあっただろう。そうして「一種の二重人格みたいな生活をしていた」ありさまを、「今思いだしても自分の姿はみじめなものです」、「自分のなかにある浅ましいもの、いやらしいものをいろんな形でマザマザと実感した」と、のちに振り返っている［座2－212］。

被爆体験

複雑な感情を抱えたまま軍隊生活を送っていた丸山を、つぎに巨大な衝撃が襲う。八月六日の朝、宇品の司令部から五キロメートルの地点に、最初の原子爆弾が投下された。丸山らは点呼で広場に並んでいて閃光を眼にしたが、建物の反対側にいたため、熱や爆風の直撃をうけることはなかった。だがまもなく、火傷やガラスで重傷を負い、助けを求めにやってきた市民たちの群れで、司令部の広場はいっぱいになる。一九六九（昭和四十四）年、

『中国新聞』の記者に被爆体験を語ったインタヴューの記録には、話がこの場面に及んだところで「(間)」と中断がある〔丸山一九九八b〕。きっと、語りながら一気に涙があふれたのであろう。常識をこえた悲惨な光景のゆえか、その日に関する丸山の記憶は、そこでとぎれているという。

この経験を丸山が初めて公けに語ったのは、高校時代の逮捕事件に関してと同じく、終戦から二十年目の日に行なった講演、「二十世紀最大のパラドックス」においてである〔集9－288〕。戦後にはずっと、結核や肝炎に悩まされるのは被爆の影響もあるかと疑いながらも、広島市民に比べれば自分は傍観者にすぎないという思いから、被爆者手帳の交付を申請することはなかった。だが死去の際には、「香典類は固辞する。もし、そういった性質のものが事実上残った場合には、原爆被災者に、あるいは原爆被災者法の制定運動に寄付する」という遺言を、丸山はのこしている〔丸山一九九八b〕。

まもなく八月十五日、玉音放送によるポツダム宣言受諾の公表を、丸山は宇品で迎えることになる。ラジオで無条件降伏を知ったときは、「やっと救われた」と感じ、「ワーッと思いきりのびをしたい気持」で、「痛切に日本の敗北を自分のこととして悲しむ気持になれなかった」という〔座3－298〕。一般の人々に対する「われわれ国民」としての同胞感情はあっても、日本帝国の支配機構は、すでに自分の外なるものだったのである。そして徹底抗戦にはやる将校たちの説得につとめ、軍の解体を見とどけたのち、九月に復員して、空襲で焼野原になった東京へ戻ることになる。

母の死

だがこのとき、大日本帝国の敗戦を喜びとして迎えるかたわら、大きな悲しみが丸山を覆っていた。まさに玉音放送と同じ日の午前十時半、病床にあった母、セイが息をひきとったのである。すでに病が篤く死に至ることを察し、空襲のさいにも防空壕に入ることを拒んで、二週間前からは食事を断り、その分の食糧を夫や息子たちに回すよう頼んだ上での死であった［丸山邦男一九七五］。それを知らせる幹治からの電報を、丸山は八月十七日にうけとり、司令部の武道場に一人はいって、畳の上にころげ回って泣いたという［飯田二〇〇六］。翌月東京に戻って、西高井戸の実家にかけつけたとき、母が死の直前に、八首の和歌を詠んでいて、その中には、原爆の投下を耳にし、次男の安否を不安に思いながら書きつけたものが入っていることを知る［集9－289、丸山一九九八a］。うち一首はこういう作品である。

召されゆきし吾子《あこ》をしのびて思ひ出に泣くはうとまし不忠の母ぞ

セイは、長州萩に生まれた明治育ちの良妻賢母として、息子が天皇の命で戦争に行くことを、名誉と見なし疑わなかった。しかし、出征の日の朝の別れを思い出すと、涙があふれてくる。丸山眞男は先の講演「二十世紀最大のパラドックス」で、この歌にもふれている。「自分は不忠の母だ、これではいけない、という気持と、やはり自分は不忠でもこの切ない気持を押さえ《〔ママ〕》ようがないという、その二つの感情のあいだに引き裂かれたまま死んでいった母を思いますと……ほんとうに痛ましくなります」。こうした母親は、丸山セイにかぎらず、無数にいたことだろうが、彼女たちの心が引き裂かれ、その矛盾した気もちについても、さらに「不忠」とみずから責めなくてはいけなかったのは、どうしてなのか。その問いが、これまでの日本の国家体制に対する眞男の疑問を、深めさせてゆく。

この講演の前の年に、梅本克己・佐藤昇と行なった鼎談では、こう語っている。「私は無力ですけれども、戦後ずっと考え続けてきたことは、日本という状況のなかでリベラルであるということはどういうことなのか、行動によってリベラルであることを実証してゆくには、どういう選択をすべきなのか、ということです」〔座6‐161〕。自由をめぐっては、ヴォルテールの言葉、「私はあなたのいうことに賛成はしないが、あなたがそれをいう権利は死んでも擁護しよう」〔集5‐254、座7‐311〕、そして、ローザ・ルクセンブルクによる「自由というのはいつでも、他人と考えを異にする自由である」〔座9－185、丸山二〇〇五〕という定義を、戦後の丸山は好んで口にしていた。どんな状況でも自由の価値の普遍性を信じ、リベラルであること、とりわけこの日本でリベラルであること。一九四五年八月十五日は、希望と悲哀をたずさえながら、この課題を追求してゆく営みの、原点となったのである。

第4章

「戦後民主主義」の構想

東京大学法学部での演習風景(1949年度), 読んでいるのはG. W. F. ヘーゲル『歴史哲学講義』第4部「ゲルマン世界」のドイツ語原書(ラッソン版)

1　焼跡からの出発

「時は武蔵野の上をも」

終戦五十周年を翌年にひかえた一九九四(平成六)年一月、青土社の雑誌『現代思想』が、丸山眞男についての特集をくんだ。戦後思想の再検討の気分に加えて、その一年半前に、丸山の論文集『忠誠と反逆――転形期日本の精神史的位相』(一九九二年)が刊行され、そこに収められた旧稿、「近代日本思想史における国家理性の問題」(一九四九年)や、「歴史意識の「古層」」(一九七二年)が、改めて注目を浴びるようになっていたのである。

この特集の内容は、丸山がドイツの日本研究者にあてた書簡で、その雑誌の「常連の寄稿者には、アンチ丸山の人が少くないので、「特集」を出したこと自体が不思議です。日本人からの寄稿には、丸山批判の Tone が強いのもそれと関係があるのかもしれません」[書5-221]と紹介したようなものであった。たしかに並んだ論文の表題だけ見ても、「丸山眞男における政治的なものの「隠蔽」」とか、「「近代」主義の錯誤と陥穽」とか、いま読みなおすと、気はずかしいほどに勇ましい。本人の目にとまることを意識して、わざとそうしたのだろう。

だが、そのなかに唯一「エッセイ」として掲載された、小説家、埴谷雄高《はにやゆたか》の文章「時は武蔵野の上をも」が、異彩を放っている。埴谷の親友である武田泰淳が一九五七(昭和三十二)年の末に杉並区上高井戸に移ったころから、その五年前に近くの武蔵野市吉祥寺に居を構えた丸山と、やはり吉祥寺に住んでいた埴谷と竹内好とを含めて、家族ぐるみの親しい交流があったのである。一九七六(昭和五十一)年に武田が、翌年に竹内が世を去るまで、この交際の輪は続くことになる。

彼らが盛んに顔をあわせていたころの丸山は、しばしば「学問的思索」が熟してくると、たちまち自宅をとびだして、歩いて三、四分の竹内邸を訪れ、「その想念披瀝と検証」につとめていた。いあわせてそれを目にしたときのようすを、埴谷は回想する。


丸山眞男の携えきたった思索内容は、さながら数マイルに及ぶ弾帯を備えた機関銃の無限発射のごとく切れ目もなくつづきにつづいて、横にいる私が、いまとまるか、とまるか、と時折息を切る相の手をいれてみるけれども、停らないのである。自宅を出たとき、また、短い距離を歩いていたとき、何かの核心と核心がつながっているかのごとき内面を携えていたに違いないけれども、竹内家に到って数語を発した途端に、この世界の地水火風も、生の人情の機微も、階級社会の構造も、つながりにつながって、丸山眞男は喋りとまらないのである。これはもはや内面のトランス状態であるのであって、たとい丸山眞男自身がとめようとしても、精神の自動機械と化した原言語発動は、宗教のなかに時たまある、お筆先、以上にとまらないのである。

しゃべり続けてようやく息をつぎ、そこに竹内が「そうかね」と重々しく答えるのは、「数十分後」のことである。もちろんそこで語り終わることはなく、相槌をうけて、丸山は「なおまた喋りに喋りつづける」。やはり親交のあった、桑原武夫、森有正の二人とならんで「日本三大おしゃべり」[書2-188]と、自他ともに認めていた人物の、面目躍如である。一高での寮生活をはじめたころ、その「議論熱」が突然に発した、と中学からの友人が書いているところからすると、おしゃべり好きの根は深い[松本一九九五]。武田泰淳と竹内好が、コペンハーゲンの公園で「丸山はいまごろどうしているかなあ……」と言葉を交わしたとき、きっと彼らの耳には、恐るべき「お喋り学者」のえんえんと続く語りが、よみがえっていたことだろう。

戦後の混沌の可能性

竹内と武田とは、戦前に東京帝大の文学部支那哲学支那文学科（一九三一年入学）で同級となっていらいのつきあいであるが、埴谷が終戦直後に結成した同人誌『近代文学』（一九四六年一月創刊）の活動に、武田も目をとめ、私生活をまきこんで親しく交わるようになる［武田一九六四、埴谷一九九三］。そして同じころ、一九四六（昭和二十一）年二月に、東京帝大の東洋文化研究所が、一般人むけの連続公開講演として「東洋文化講座」を新たに開く。その会場で翌年に丸山と竹内は顔をあわせ、同じ吉祥寺に住んでから、密に交友をはじめた［集10－206、351］。

のちに丸山は、終戦直後の状況を回想して、「多様で混沌とした可能性をはらんでいた民主主義の沸騰期」［座6－7］と呼んでいる。解放の空気のなか、知識人たちは、政治上の路線や大学での専門、さらに、学問、文学、藝術といった大きな分野の違いをこえて、さまざまな集団を結成して活動しはじめた。ふってわいた自由に実質を与えようとする「将来への希望のよろこび」と、戦前・戦中にみずからが「精神的気候」の変化に随順してしまった、あるいは無抵抗のままでいたという「過去への悔恨」とを共有するがゆえに、彼らの広い紐帯が生まれたのである［集10－254］。丸山自身も、青年文化会議（四五年十月発足）、思想の科学研究会（四六年二月）、未来の会（四八年二月）といった団体の結成にたずさわり、清水幾太郎らによる二十世紀研究所や、マルクス主義の学者が主流を占める民主主義科学者協会にも参加している［集15－165～169］。

庶民大学三島教室

また、三島市の市民たちが、東京帝大法学部を丸山の一年あとに卒業して労働法を研究し、法学部資料整備室に勤めていた木部達二に依頼して、庶民大学三島教室を設立した。丸山は、発足の前から運営や講師の人選について相談をうけ、みずからも終戦の年の暮れから翌年まで、三度にわたって足を運び、「普通の労働者や主婦」たちにむかって講義を行なっている。彼ら参加者は、貪欲に知識を求め、盛んに質問することを通じて、「吸い取り紙がインクを吸いとるように」学んでいた［集15－62、丸山一九八〇］。高等教育をうけていない庶民に対して話をし、討論する、はじめての経験である。

丸山のこうした活動は、のちに東大全共闘出身の論者から、焼跡にうずまく庶民のエネルギーから遊離した「戦後啓蒙思想」と揶揄されることになる［長谷川一九七七］。しかし、ともに三島で講義をした中村哲が語るように、それは一方向の「啓蒙」活動——おろかな者を教えさとすという漢語の意味でのそれ——ではなく、同時に講師の方も民衆の思いを「教えられに行く」、おたがいの発見の場であった［座1－82］。

このとき「明治維新のときを追体験した気がしました」と、丸山は回想しているが、最新の知識を求める熱心さに加え、みずから集団を新たに作り、それを運営してゆく主体性を、人々が示していることもまた、維新の時代を想起させたことだろう。徳川の支配体制が倒壊した直後に、「自主的結社」が数多く登場したことは、のちに丸山の論文「開国」(一九五九年)が強調した現象である[集8-81]。このように、知識人も庶民も、さまざまな集団を結成し、集団がたがいに交錯する状況が、戦後二、三年ほどのあいだ、突然に現われていたのである。丸山が徂徠研究の第二論文で、国家がなりたつ前にあるべき秩序として考えた「人間仲間」が、個人どうしが対面できる規模のアソシエーションの形で、現実にさまざま創られ、運営される。そして丸山その人もまた、その活動を進んで担っていた。

占領改革への驚き

この、「多様で混沌とした」自由の空間が生まれたのは、アメリカを中心とする連合軍による、強大な占領権力のもとにおいてである。丸山は当初、占領軍の指導する民主化の改革が、共産党の合法化にまで及ぶとは思っていなかった。だが、連合国軍最高司令官総司令部(GHQ)が四五年十月四日、「政治的・民事的・宗教的自由ニ対スル制限ノ撤廃ニ関スル覚書」、いわゆる人権指令を発したことに驚く[座3-299]。それは、「天皇、皇室及帝国政府ニ関スル自由ナル討議」をも含め思想に対する制限を撤廃し、宗教・集会・言論の自由を保障することを、日本政府に求めたものであった。そこまでの自由化を考えていなかった東久邇《ひがしくに》稔彦《なるひこ》内閣は、実行不可能としてただちに総辞職し、首相が「民主主義政治」を表明する幣原《しではら》喜重郎に代わることになる。

十月十日、人権指令に基づいて釈放された、徳田球一・志賀義雄ら「日本共産党出獄同志」十六名は、声明「人民に訴ふ」を公表した。それは、天皇を頂点とする、これまでの「軍事警察的圧制」の国家体制を「天皇制」と呼び、その「天皇制」の打倒と「人民共和政府の樹立」を方針に掲げた。これ以後、年末までに選挙法改正、農地改革、労働組合法など、さまざまな改革がはじまり、「天皇制」の存廃をめぐる議論が、新聞・雑誌やラジオをにぎわす。庶民の間でも、九月末に昭和天皇と最高司令官ダグラス・マッカーサーとの会見の写真が新聞に載ったのをきっかけに、「天皇に対する神秘的な信仰」が急激に希薄になったことを、丸山は記録している［集5－103］。

民主化の改革は、予測をはるかにこえる規模ですすみ、庶民の意識まで変わっていった。二十一年後の座談会で、「アメリカの軍事占領に対して甘かった」という批判を、「あとからいえばその通り」と丸山はみとめながらも、そのときの「解放感の大きさは今日想像できないくらいです」と語っている［座7－51］。新たに占領軍による新聞・雑誌の検閲と、一方的な治安行政もしかれたにせよ、共産主義者に限らず多くの人々を戦前から苦しめた、治安維持法と特高警察は、このとき廃止された。

「八月革命」

丸山がかつて憲法の講義を聴いた師でもある、法学部の同僚、宮澤俊義は、やがて翌年三月、占領軍の原案による新憲法草案に接して、八月十五日に日本政府がポツダム宣言の受諾を宣明したとき、主権の源泉を天照大神の「神勅」から「人民の意思」へと変える「憲法的革命」が、実質上なされていたと説き、この草案への改正を適法なものとした。この転換を、東京帝大の憲法研究委員会で同席した丸山が「八月革命」と名づけ、その言葉は宮澤の論文に用いられ有名になってゆく〔鵜飼一九八四、高見二〇〇〇〕。丸山自身も一九四七(昭和二十二)年に発表した「若き世代に寄す」で、「八・一五の歴史的転換」を「無血革命」と呼んでいる〔集3-83〕。法学・政治学上の概念として明確とは言えないものの、ポツダム宣言が説く「基本的人権」の保障が、十月以降、広い範囲で実現し、世の空気も正反対に変わったことへの感動を、よく示す言葉である。

「あてがはれた自由」

しかし丸山は、占領軍による改革を歓迎する動向に対して、まったく無批判だったわけではない。人権指令がでた十月の末に、新聞紙上で河上徹太郎が「配給された「自由」」と早くも揶揄したような、自由化を占領軍からの恩恵としてありがたがる風潮をもまた、のりこえようとするのである〔宮村一九九五〕。

終戦の年の十二月一日(写真では十一月と読めるが誤記であろう)の日付がある講義草稿が現存す

るが、それを保存した封筒に「戦後初めての講義の講義案」と丸山は記している。正規の「東洋政治思想史」講義ではなく、東京帝大法学部が十一月中旬から臨時に開いていた、一般市民むけの「大学普及講座」の一つとして、一日だけ提供したものではないか。この翌日の夜、丸山は三島の市民による文化講座で「明治の精神――封建的精神とのたたかひ」と題して講演し、その催しが、翌年二月からはじまる庶民大学に、発展することにもなった［酒井一九九八］。終戦後の丸山眞男の、広く社会にむけた第一声である。本郷での「戦後初めての講義」は、こう始まる。

　われわれは今日、外国によって「自由」をあてがはれ強制された。しかしあてがはれた自由、強制された自由とは実は本質的な矛盾――contradictio in adjecto〔ママ〕――である。自由とは日本国民が自らの事柄を自らの精神を以て決するの謂に外ならぬからである。われわれはかゝる真の自由を獲得すべく、換言するならば、所与としての自由を内面的な自由にまで高めるべく、血みどろの努力を続けねばならないのである［丸山一九四五、講2-181］。

この講義で丸山は、かつてヨハン・ゴットリープ・フィヒテが、ナポレオン・ボナパルト指揮下のフランス軍に占領されたベルリンで行なった講演、『ドイツ国民に告ぐ』（一八〇七〜〇八年）を紹介する。そこでフィヒテは、「自由・平等・博愛の大旆」を掲げたフランス軍によって、「プロシャの封建的旧体制」が崩壊した状況のもと、それまで権力者に迎合していた人々が、こんどは占領者の「外国人」に媚びへつらい、手のひらを返すように、かつての「当局者の戦争責任を追及する」態度を、きびしく批判した。これを丸山は、急激に「民主主義万々歳」が叫ばれ、左翼が擡頭する戦後日本の風潮に重ねながら話したのである〔座３－298、５－319〕。

たしかな信念もなく、さっさと新しい権力者にのりかえるだけで、自由や民主主義を謳歌する人々は、もし再びかつての支配者が政権につけば、あっさりと転向してしまうだろう。「徒《いたず》らなる外国崇拝」は、そのとき「徒らなる自国賛美乃至外国排斥」へと転じる。――徳川にかつて仕えながら明治政府の官僚に転じる学者たちを、痛烈に批判した福澤諭吉の先例も、丸山の念頭にあった。新憲法についても、その内容は支持するものの、時流に軽々しく乗るかのような姿勢を示したくないという気持ちから、政府による憲法普及会の講師になることや、法改正の委員への就任は断りつづけたという〔座７－103〜104〕。

自由の精神とナショナリズム　『ドイツ国民に告ぐ』は、「国民」の一体性と独立を熱烈に語った書物としては、ナチズムの民族理論が賞賛したものであり、日本でも大正期から文部省が国民道徳の教科書として推奨していた。しかし同時にまた、人種や伝統の共有を第一におくのではなく、人類普遍の「自由」をめざし、「超国民的なる普遍的理性」を紐帯とすることが、正しいナショナリズムの条件だと主張する本でもある点を、南原繁が戦前から唱えている［南原一九三四］。この理解をうけて、丸山もフィヒテに依りながら、「国民大衆の自由な自発性、自主的な精神を前提としてのみ」、国家の運命を「自らの責任に於いて担ふ能動的主体的精神」、すなわちナショナリズムが確立すると説いたのである。「制度」の変更に自足するのではなく、それを支える人間の「精神」を改革しなくてはいけないという主張を、デモクラシーに関して終生口にし続けたが、それもこの講義ですでに姿を現わしている。

こうして丸山は、「人民の一人一人が治者としての気構えと責任を持つところに、民主主義の本質がある筈です」と唱え、戦前の政党政治での選挙民に見られたような、個別の利益の撒布を期待する「被治者根性」をこえ、みなが「政治の全体性、綜合性」を念頭において、自分自身の意見を発してゆくことを唱えるようになった［集16－377］。戦後における「民主主義」の論者、丸山の誕生である。占領下にあってその営みは、旧来の忠君愛国の国民道徳とは異なり、他面で占領政策への無批判な迎合もしりぞける、「健全」で「民主的」なナショナリズムを、新しく創りあげる課題と重なっていた［集5－121］。論文「陸羯南――人と思想」（一九四七年）や

「明治国家の思想」(一九四九年)では、福澤や羯南の思想に見られる、明治前半期のナショナリズムを再評価し、その再生を読者に呼びかけている。

自発的結社への期待

現実にこうした「民主主義」を実現する回路については、議会政治にはすでに限界があることを指摘し、「議会と並んでもっと職場と結びついた合議機関を考えると同時に、直接民主政的なテクニックをとり入れてゆく」ことを、丸山は提案する(「〝社会不安〟の解剖」一九四九年)。そして、アメリカの政治における圧力団体、「労働組合や各種職業団体はじめ、婦人団体、宗教団体等各種の社会的グループ」が、議員や行政府に働きかけている状況を紹介するのである[集16-5]。全体社会の外枠として国民国家をいちおう尊重しながら、その中で行なわれる政治の構成原理については、かつてカール・シュミットや矢部貞治が批判した、政治的多元主義(political pluralism)に立っている。その点では、師としては、やはり多元主義を批判する南原繁よりも、大正期に『現代国家批判』(一九二一年)を著した長谷川如是閑の立場を選んだのである[丸山二〇〇五]。

日本国憲法第九条

丸山は日本国憲法の第九条に接して、その軍備放棄の規定は、軍事的国防力をもたない国家という、新しい国家概念の登場を意味すると解し、高く評価した[座4-200、集15-326]。この規定があるかぎり、政府はたとえ自衛隊をもってはいても、防衛力の漸減につとめ、「国際的な全面軍縮への積極的な努力」を不断に行なう義務がある［集9－263］。しかしもし、軍備を廃したあとで、他国が攻めてきたら、当座の対応としてはどうするのか。丸山はその仮想質問に、「あなたは一般人民の自己武装（民兵）を許す用意があるのか」と揶揄して答えるが、個人による武装抵抗を、本気で支持していたかどうかは疑わしい［集8－281、9－278］。米軍の日本駐留と日本の自主武装の双方を原則として否定するほかに、丸山が防衛政策論にふみこむことはなかった。

むしろこうした第九条評価は、すでに主権国家ではなく、その下で活動するさまざまな自発的結社へと、政治秩序の要を見定めていたことに由来するのだろう。丸山は、核兵器の登場をうけた現代においては、個々の国家をこえた「諸国軍備の系列化・体系化」が行なわれる足もとで、正規兵によらない「ゲリラ戦」が展開する、戦争の「両極分解」が生じると指摘した［集9－276～277］。世界秩序についても、主権国家を構成単位とする現状をのりこえる代案の必要を唱え［集14－326］、一九九〇年代はじめには、一方で国連やEU、他方でNGO、教会、企業などの団体もまた、国家と並んで構成単位をなす、「多元的」な秩序に変わるという見とおしを示している［丸山一九九一］。

社会主義への共感

人々が自発的に作りあげ、政治への回路をなす集団として、戦後はじめに丸山が期待したのは「労働者農民」の結社、とりわけ労働組合であった〔集3-161、5-190〕。人が他者とともに集団を作り、さまざまな葛藤をへながら運営してゆく中でこそ、真に独立した人格が育てあげられる〔座1-236〕。丸山は、思想としてのマルクス主義や、社会党・共産党の活動とは一線を画するものの、そうした営みを支えるしくみとして社会主義に期待をかけ、近代の「作為」の論理をおしひろげて、「経済に対する計画性」を導入することを支持した〔座1-30〕。つまりは、政治・経済・社会すべてについて、「現在「健全」と考えられているよりもずっと「左」の政策」が必要なのである〔集5-121〕。戦後の丸山が現実政治を論じる基本姿勢は、このように確立した。

「国民」とはだれか

しかし、たとえば徳田球一ら政治犯の釈放を、獄外から占領軍に働きかけた運動の主力は朝鮮人の労働者であり、その解放を歓迎する「人民大会」の参加者も、半数以上は彼らが占め、会場には赤旗と太極旗が並んでいた〔竹前二〇〇二〕。本郷の公開講義で丸山が日本の「国民大衆」と発言したとき、聴衆には朝鮮人や中国人も含まれていたかもしれないが、同じ国土に暮らす人々のうちに、文化や来歴の亀裂が生じていることを、その場で意識してはいなかっただろう。のちに自分の思想史研究について反省するように、

「「東洋」のなかでの日本の否定しがたい特殊性に着目するのあまり、東アジア全体の歴史的文脈のなかに日本を位置づける視角が希薄」になってしまう傾向も、こうした姿勢とおそらく無関係ではない［集10－208］。

「女」をめぐって

さらに武田泰淳が、石川淳・佐々木基一・花田清輝といった顔ぶれとともに行なった座談会「藝術・東と西」（一九六二年）で、こういう丸山の発言を伝えている。

この前、丸山眞男に「日本精神史講座」かな、河出で出した、それに女という項目を入れろと言ったら、彼は、反対したんだ。これを入れたら、今の日本の政治学の考えがゆらぐことになる。精神文化史、日本政治思想史を考える場合、女という要素を入れると非常に厄介になるんです。彼はそれをよくわかっているものだから……［武田ほか一九六二］。

武田が言っているのは、河出ではなく筑摩書房を版元とし、丸山眞男が編集責任者の一人をつとめた『近代日本思想史講座』（一九五九年刊行開始）についての会話であろう。あるいは武田の誤解かもしれないし、丸山は日本基督教女子青年会（ＹＷＣＡ）の学生部幹事によるインタヴューに答えて、「規則的な労働と生産」に従事し、そのかたわら政治に意見を発することを奨めている〔集16－10、377〕。したがって、「人間仲間」を構成する「主体」としての個人には、男性も女性もひとしく考えていたことはたしかである。だが、女優、左幸子と同席した鼎談「映画・女性・現代――現代藝術に映画は何をもたらすか」(一九五九年)での丸山の言葉は、どう読んだらいいのだろうか。

これは前に、ぼくはほかの人にもしゃべった仮説なんだけど、人間的なものというのはむしろ男が代表しているというのですよ。つまり神にもなれず、動物にもなりきれずに、いつもフラフラしているのが男なんです。男の悲劇は人間であることに甘んじられないで、神になろうとしたり、動物になりきろうとするところから生れる。女の悲劇は逆に人間になろうとするところから生れる。女は本来神様であり同時に動物なんですよ。だから、悪魔的な行動をしても、神様の、あるいは動物の純粋さがその中に現れるわけね〔座3－202〕。

武田泰淳は、丸山のこの持論を聞かされたのかもしれない。これに対して、女がほめられたのか、それともけなされたのか、「わからなくなっちゃった」と、左幸子は笑って答えているが、そう受け流すしかないような発言である。ほかの座談会でも「女の人で学問をする人はとかく現実感覚に乏しいから……」[座1-206]と丸山は語っており、ここまで行くと弁護するのはむずかしい。どうも、丸山の考える、「人間仲間」をおりなす個人たちの像は、表面は真っ白でありながら、文化やジェンダーの異なる色彩が裏にはりついているらしい。口頭の対話では、その違いにつき感じているところが、素朴にして粗放な形で、透けてあらわれてしまう。

2 「天皇制」との訣別

「重臣リベラル」の天皇観

しかしいずれにせよ、ナショナリズムの再創出を提起するならば、世上で議論されている、「天皇制」の存否はどうするのか。丸山が中学四年生のとき、一九二九(昭和四)年に、張作霖の爆殺をめぐって、昭和天皇が田中義一首相を難詰し、内閣総辞職に追いこむ事件が起こった。その経過はもちろん国民には知らされなかったが、「重臣リベラル」に近かった父がそれを話し、「天子さんはえらい」とつけ加えるのを、共感をもって聴いていた[集15-19]。それ以後、天皇自身が天皇機関説を支持していることも知り、昭和天皇の人格と皇室の存在に対しては、軍部や官僚に比べリベラルなものとして、親しみを感じていたのである。それは、南原繁・高木八尺・田中耕太郎・岡義武といった、尊敬する恩師たちとも共有する立場であった。岡が終戦後の「天皇制」廃止論にふれて、「きみ、大変なことになるよ。日本で天皇制がなくなると、反動がくる」と語るのを丸山は聞き、同じような趣旨を手記に書きつけてもいる［座９－270、丸山一九九八ａ］。

だが、たとえば三島の庶民大学でも、「いままでの価値体系が一挙に崩れ、皇国とか神州不滅とか、それまで教えられたことがすべて通用しなくなってしまった」状況に、丸山はふれている［集15－62］。ごく普通の庶民が天皇に対する憎しみを語るのに、接することもあっただろう。また、ＢＣ級戦犯の裁判が始まり、俘虜虐待の罪で裁かれる二等兵が、弱々しく弁明する姿に、年あけの新聞報道で接し、そこに丸山はぬきがたい「権威への依存性」を見いだした［集３－27、田頭二〇〇五］。この依存性が、「重臣リベラル」の人々や、皇室に親しみを感じる自分の中には、ないと言いきれるのか。

こうして「天皇制」については判断を迷い続けていたとき、四五年十二月、法学部長であった南原繁が、東京帝大の総長に選ばれる。戦時下の総長としての責任を問われ、辞職することになった建築家、内田祥三に代わる、新しい時代にふさわしい大学の顔であった。

総長となった南原は、それまでの価値観がくずれ、方向に迷う学生への指針として、また、大学が社会にむけて新しい方針を表明する機会として、大講堂で就任演説を行なうことを考える。そして、翌年の二月十一日、最初の紀元節を、その機会にしたのである。それまで東京帝大では、創立いらい戦時中も含め、この日を祝って盛大な式典を設けることなどなかった。しかも占領下では軍国主義の復活として危険視されかねない行為である。だが南原はあえて、日の丸の旗を正門に堂々と掲げ、講堂に入りきらないほど多くの学生にむかって、「新日本文化の創造」と題して講演した〔丸山・福田一九八九〕。『大学新聞』の記事(二月二十一日)によれば、式ののち、学生たちには大学農場の収穫物が配られ、「和やかな祝賀」の雰囲気に包まれたという。いかにも食糧難の時勢を思わせる。

紀元節の総長講演

この紀元節式典では、冒頭で二回の「君が代」斉唱ののち、元日に発せられた天皇の神格否定の詔書、いわゆる人間宣言の奉読があり、総長の「演述」が次に続いた。

そこで南原は短い前おきのあと、「そもそもわれわれの祖先は、わが民族を永遠の昔より皇室を国祖と仰ぎ、永遠に生き来たったものと信じ、最近までさように教えられて来たのである」と話しはじめる。昭和の「軍国主義者と国家至上主義者らの支配」は、その伝統を濫用し曲解して、国民をだまし国家を破局においこんだ。いまわれわれは、自信の喪失から立ち直って、日本の神話にこめられた「世界観的意味内容」を再認識しなくてはいけない。——南原は、一人一人が「真に自由の人」となり、「人類の改善」に努めることを説くが、それは

「国民」の真の共同性を実現することと不可分であるとした。年頭の詔書で、「国民」が愛国心を拡充し「人類愛ノ完成」へとむかって、「文明ヲ平和ニ求ムル」理想を、天皇その人が説いたことは、南原によれば、まさしく「民族の復活と新生」を告げる画期だったのである〔南原一九四六〕。

このとき南原はすでに、天皇は国民共同体の「理想の表現」である以上、敗戦と国民の惨禍の「道徳的責任」をとって退位し、皇太子に位を譲るべきだという考えを、他方で固めていた。それはつづく四月の天長節(天皇誕生日)に再び行なった祝典で、初めて公に語られるが、すでに周囲は知っていたかもしれない。だが紀元節の式典に接したとき、おそらく丸山の脳裏には、皇紀二千六百年の際の行幸の風景がよみがえった。その意図は異なるにせよ、かつて運動場で天皇にむかい万歳三唱の音頭をとった平賀総長も、日の丸を掲げ詔書を奉じる南原も、同じ心理のうちにいるのではないか。

南原繁への批判

やがて二十三年後の対談「戦後日本の精神革命」で、やはり日本民族の「神話」の意義を説く南原にむかって、丸山は「神話に普遍的意味を与えるのは非常に難しいところだと思うのです」と告げ、日本神話の「神」は「皇室の祖先神だし、どこまで遡ってみても祖先神はやはり特殊者にすぎない。特殊者を越えた、普遍者という観念にはならないのですね」、と激しく批判することになる〔座5―28〜29〕。

紀元節の前の十二月か一月、岩波書店の雑誌『世界』(一九四六年一月号から創刊)が、近代日本のナショナリズムが抱える問題性について、論文を丸山に依頼していた〔集15―267、座2―213、塙一九九〇〕。雑誌の顧問格の田中耕太郎が丸山を推薦し、編集担当者の塙作楽《はなわさくら》も中学生のころからの友人であった。その構想を練っていたときに、戦後の社会にむけた南原の態度表明にふれ、大きな衝撃を覚えたのではないだろうか。

さらに、丸山が執筆する前号の『世界』四月号が、三月の中旬に世に出る〔吉野一九八九〕。そこには、かつて「東洋政治思想史」の講義を担当した津田左右吉の論文、「建国の事情と万世一系の思想」が載っていた。編集部が依頼した「日本歴史の研究に於ける科学的態度」に加えて、津田はもう一本、自分から原稿を寄せたのである。そしてその内容は、世上の「天皇制」批判に抗して、「国政の実権」と区別された、皇室の「精神的権威」の伝統を説き、「国民みづから国家のすべてを主宰すべき現代に於いては、皇室は国民の皇室であり、天皇は「われらの天皇」であられる。「われらの天皇」はわれらが愛さねばならぬ」と、高々と唱えるものであった〔津田一九四六〕。

「天皇制」との対決へ

南原にせよ、津田にせよ、丸山がその後も尊敬してやまなかった学者である。彼らに見える皇室に対する敬愛を、明治人と大正人との程度の違いはあれ、みずからもこれまで抱いてきた。しかし、戦時中に軍隊で経験し、再び戦犯裁判で見せつけられることになった、「権威への依存性」は、リベラルな知識人の天皇への親近感のなかにも、しっかりと根をはっているのではないか。それを放置したままで、個人が「自主的な精神」を確立することなどできるのか。――そうした問いが、丸山の中をかけめぐる。そして、「三日か四日」[集15-268]で一気に論文を書きあげた。のち、昭和天皇の崩御に際しての回想で、執筆時の気持ちを生々しく語っている。

敗戦後、半年も思い悩んだ揚句《あげく》、私は天皇制が日本人の自由な人格形成――自らの良心に従って判断し行動し、その結果にたいして自ら責任を負う人間、つまり「甘え」に依存するのと反対の行動様式をもった人間類型の形成――にとって致命的な障害をなしている、という帰結にようやく到達したのである。あの論文を原稿紙に書きつけながら、私は「これは学問的論文だ。したがって天皇および皇室に触れる文字にも敬語を用いる必要はないのだ」ということをいくたびも自分の心にいいきかせた。のちの人の目には私の「思想」

の当然の発露と映じるかもしれない論文の一行一行が、私にとってはつい昨日までの自分にたいする必死の説得だったのである(「昭和天皇をめぐるきれぎれの回想」、集15−35)。

こうして丸山は、「天皇制」について、「これを倒さなければ絶対に日本人の道徳的自立は完成しないと確信する」[座2−254]立場に至った。ただし大事なのは、国家の機構に世襲君主を置くか否かではなく、「もう一つ前の問題」として、「本当の自主独立の精神」を育て、制度はどちらでも「立派に自分の国をつくって行くようなたくましい国民」に人々が成長することである[座3−297]。したがって終生、日本国憲法の第一条について改正を唱えることを丸山はせず、そのかたわら自分に対する叙勲は断っていた[書4−39]。鶴見俊輔によれば、文化勲章も「さけ」たという[鶴見二〇〇五]。のち、論文集『日本の思想』のドイツ語版(一九八八年)では、「天皇制」の語につき日本語を用いて"Tennô-System"と言い表わしている。丸山は「天皇制」を、君主制や皇帝制の制度一般ではなく、あくまでも日本に固有の「精神構造」として問題化したのである。

この立場をうちたてた論文「超国家主義の論理と心理」は、『世界』一九四六年五月号の巻頭を飾ることになるが、末尾には「一九四六、三、二二」と書き終えた日付が印刷されている。

まさしく三十二歳の誕生日、「天皇制」に対する訣別の宣言である。「戦後初めての講義」の草稿には「昭二〇」と元号で年月日を記していたが、今度はもちろん、西暦であった。

「超国家主義の論理と心理」

「超国家主義」論文は、昭和の世に軍部と政府と国民をおおいつくした、暴力的なナショナリズムについて、その「思想構造乃至《ないし》心理的基盤」の解明を試みる。それは、明治時代の教育勅語いらい、日本の近代において、国家が「倫理的実体として価値内容の独占的決定者」とされたことに根ざしている［集3－21］。真理や道徳に対して国家が中立を守る、ヨーロッパの近代国家とは異なって、そこでは国家が人間の内面へ無限に介入し、反対に、「私的利害」が国家権力をたやすく動かす。丸山の助手論文が描いた、公私の領域をわかつ近代国家の原則とは、まったくほど遠い。そして、より上位の者へと随順する「権威への依存性」が、国民の一人一人から、軍人や官僚や政治家、そして「皇祖皇宗の遺訓」によって統治する天皇にまで浸透しているのである。

無責任の体系

こうした精神構造は、厳密に言えば明治になってから始まったのではない。丸山によれば、それは「近代日本が封建社会から受け継いだ最も大きな「遺産」の一つ」であり、日本の「開闢の初」から社会にしみついた「権力の偏重」、と福澤諭吉が指摘したものであった［集3－33］。さらに三年後の論文「軍国支配者の精神形態」では、極東国際軍事裁判(東京裁判)の速記録を用いて、軍人や官僚たちの心理に見られる「無責任の体系」〔集4−140〕を詳密に描いたが、そこでは近衛文麿や木戸幸一といった「「重臣」其他上層部の「自由主義者」たち」に対する批判も登場する〔集4−140〕。戦前に彼らは、天皇と自分たちに政治批判が及ぶのを恐れ、「天皇の絶対主義的側面」を抜きとって「自由主義」の外観をしつらえた。しかし、「自由と人権の保障という原則」よりも、「國體」の維持と内政の融和を優先させたため、軍部強硬派の主張に抗することができず、戦争への道を開いてしまったのである〔集6−266、15−29〕。

これ以後、丸山は「やはり重臣リベラリズムというものと断絶しなければ、ほんとうのリベラリズムは出てこない」〔藤田一九九七〕と、「重臣リベラリズム」への批判をくりかえすようになる。昭和天皇その人についても、戦争に関しては南原の言う「道徳的責任」にとどまらず、「政治的責任」が明確にある以上、やはり退位すべきだという主張を、「戦争責任論の盲点」(一九五六年)で述べている。重臣や天皇に対するそうした批判は、かつての自分自身に加える鞭でもあっただろう。「超国家主義」論文は、頂点の天皇までをも支配する日本社会の病理に対して、「個性の奥深き底」から呼びかける「良心」によって行動を律する、「純粋な内面的な倫理」を各人が確立し、「自由なる主体的意識」を育てるようよびかける〔集3−25、32〕。いわば、倫理の観点からする「天皇制」批判であった。

この「超国家主義」論文によって、丸山は論壇や文壇に、その名を知られるに至る。人気が総合雑誌の読者層をこえて広がるのは、論文集『現代政治の思想と行動』上・下（一九五六～五七年）の刊行と六〇年安保を待たねばならないが、『朝日新聞』の雑誌評がこの論文を絶賛し、「自分ながら呆れるほど広い反響を呼んだ」と丸山は回想している［集6－247、竹内二〇〇五］。翌年の一高生のアンケートでは、「話をききたい人」の最上位に、小林秀雄と並んでその名があがることにもなる［松山一九九六］。

倫理性への志向

しかし、知名度があがることは、本人の意図のとおりにうけいれられることを、必ずしも意味しない。「超国家主義」論文に対しては、一年後に津田左右吉が、同じ『世界』誌上（一九四七年十月号）によせた「明治維新史の取扱ひについて」で、激しい批判を述べている。天皇の権威の源泉は宗教的なものとしての「神」にあり、国家が「道徳的価値の決定者」であるとする思想は、近年の「いはゆる超国家主義者軍国主義者」がこしらえたものであり、明治の教育勅語にも、さらに古代からの伝統の中にもなかった。津田はそう説いて、例外現象にすぎない昭和の「超国家主義」の特色を、明治にまでさかのぼらせるのは不当だとしたのである［津田一九四七、集6－249］。また近年では、「軍国支配者の精神形態」が、東京裁判の速記録をゆがめて引用していたことも指摘されている［牛村二〇〇一］。

近代史家、坂野潤治は、丸山の議論は、あまりに「包括性、体系性」が高く、「明治から敗戦まで、権力の頂点から最末端までを包摂しきった「超国家主義」は、いわば空気のごときものので、分析意欲を阻喪してしまう」と苦言を呈する［坂野一九八二］。その諸論文を歴史記述として吟味するかぎり、こうしたさまざまな批判も、決してはずれていない。

だが、丸山による、「超国家主義」あるいは「日本ファシズム」の精神構造の分析は、「倫理の内面化」［集3－25］を達成し、「主体的意識」をはぐくむためには、日本人がどのような内面の敵と闘わなくてはいけないかを示したものであった。そうした問題意識から歴史に切りこんださいに見えてくる像を、丸山は描いたのである。倫理性への志向の強さは、「日本における自由意識の形成と特質」（一九四七年）や、「肉体文学から肉体政治まで」（一九四九年）といった、終戦直後の丸山の文章にいちじるしい。「民主主義革命の完遂」のためには、「単なる大衆の感覚的解放」ではなく、「新らしき規範意識をいかに大衆が獲得するか」が大事なのである［集3－161］。

欲望の解放をこえて

これは、国家がなりたつ前に、人と人との「人間仲間」の道徳秩序があると考えたことからの帰結ではあろう。だが丸山は、以前は高く評価した明治の自由民権運動に対してすら、「自由民権運動史」(一九四八年)において、それが「快楽主義」に根ざした「感覚的な自由」の立場にとどまったことを、きびしく批判する[集3-245〜246]。終戦直後の解放の空気のなか、焼跡闇市にうずまく赤裸々な欲望は、丸山にとっては「天皇制」と並ぶ、目の前のもう一人の敵なのであった。

それどころか、蔓延する「無気力なパンパン根性やむきだしのエゴイズムの追求」[集5-67]は、自由民権運動が「国権拡張論」へと移っていったように、欲望の発散と国家の膨張とを重ねあわせることで、戦前・戦中の排外的なナショナリズム感情に、復活の温床を供するだろう。かつての右翼活動家や復員軍人が、「テキヤ」・闇商人・土建業者として、焼跡で幅をきかせる姿に、丸山はその危険を見ていた[集5-102、106]。

したがって、「超国家主義」論文をはじめとする、丸山の日本社会批判が、あたかも自分が西洋人になったかのような態度で、東洋の遅れた島国を見くだす教説のように、しばしば受けとめられたのも、無理はなかった。「武士道的精神」のモラルが、初期の自由民権運動には生きていたと「自由民権運動史」で評価してもいるが、目だつ言及ではない[集3-245]。その「天皇制」批判が、苛烈な内面の劇の産物であり、深い自己批判でもあったことを告白するのは、元号が平成にかわったのちの文章、「昭和天皇をめぐるきれぎれの回想」(一九八九年)においてである。ナショナリズムの再生を熱弁し、福澤諭吉や陸羯南を高く評価する文章を発表していたことを、のちに座談会の発言や、『現代政治の思想と行動』の追記でも強調したものの、広く注目されるには至らない［座3－298、集6－248］。

丸山は、日本人によく見られる「何かというと「腹を割」ったり、「肝胆相照」らしたりするストリップ趣味」［集9－172］を、終生拒否しつづけた。それは、情緒による「ずるずるべったり」な一体化から精神を引き離すべきだという提言を、自身にもあてはめた自己規律であったが、同時にまた、その日本社会批判の出発点にあるものを、読者に見えなくさせた。みずから招いた悲劇とも言えるかもしれない。

弟の視線

さらに読者どころか、身内からも理解されず、攻撃を受けることにもなる。つぎの文章は、六歳下の弟であり、戦後に雑誌記者をへて、日本のフリーライターの草分けとして活躍した丸山邦男（一九二〇～一九九四）が、一九六八（昭和四十三）年、大学紛争のさなかに発表した著書の一節である。

あの時代に、天皇制軍隊のなかで、テキさんを殴れなかったような兵隊は、スーパーマンにひとしい勇者といってよい。そんな人間もいたかも知れないが、たとえいたとしても、とうてい生き残ることができなかったということだけは、たしかである。そういう英雄の存在を、隣でヤブにらみしながら、ただじっとうずくまっていたのが、戦後になって反戦文学、反戦映画などをつくり、日本軍国主義者の精神形態などを分析したりしてカッサイを博したのだ〔安田・丸山邦男一九六八〕。

軍隊の中で「ただじっとうずくまっていた」ことに対しては、丸山眞男自身もまた、痛切に自覚し、そこに「二重人格」の問題を見て、反省し続けていた。からかいの気味もあるだろうが、その内なる葛藤について、弟ですら聞いておらず、あるいは知らないふりをしてしまう。

丸山邦男は、四人兄弟の末っ子で、ただ一人勉強を嫌い、帝国大学に進めなかった。両親からも見放され、巣鴨商業学校、慶應義塾高等部をへて会社勤めをしたのち、早稲田大学の仏文科へ編入するが、母の死と終戦の衝撃で中退してしまう。そして家を出て、焼跡のなか、食うや食わずの生活をへて記者となる。結婚して千住柳町に住み、「エリート・インテリの巣窟」の実家では味わえなかった「下町の人情」にふれ、人生観が変わったという。大学紛争のころには新左翼と全共闘を支持し、東大教授の鼻もちならない「エリート意識、聖域意識」と、アジアに対する経済支配を批判しない「戦後民主主義」の欺瞞性とを攻撃したのである〔丸山邦男

一九七六、一九八二」。

邦男は慶應高等部のころに保田與重郎の作品を愛読し、戦場での死にあこがれ、出征したものの、「不運にも」入隊直後に熱を出して勤労動員に回され、生きのびた。同じような青年たちの中で、仲間が死に、自分が生き残ったのはなぜなのか。終戦後ずっと、その運命の不合理さを自問している身にとっては、精神構造を筋道たてて分析して見せられても、ただただ、腹が立つだけなのである。——同じような批判を丸山眞男に対して加える論者は、その後も数多いが、この弟のことをみなが忘れているのは、いったいどうしたことだろうか。

第 5 章

人間と政治，そして伝統

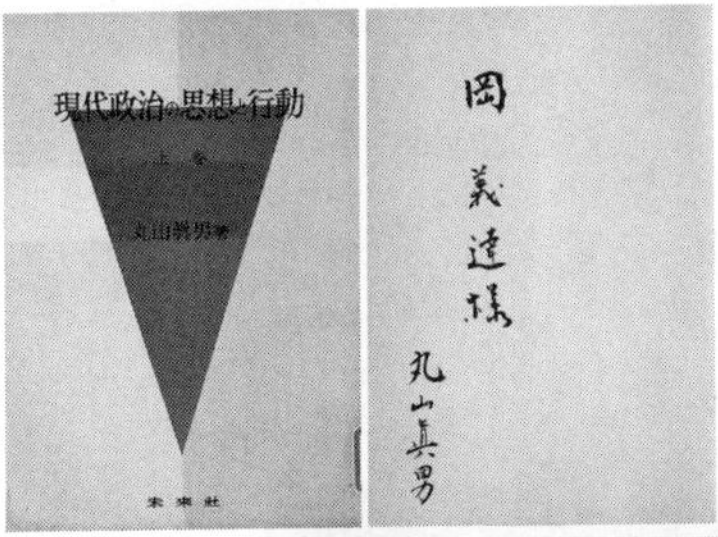

上：『現代政治の思想と行動』 初版本のカバー表紙と，見返しの署名(東京大学法学部明治新聞雑誌文庫所蔵の岡義武文庫附属・岡義達旧蔵書より)
下：ミシェル・フーコーと(新宿プリンスホテルにて，1978 年 4 月 27 日)

1　ニヒリズムの影

丸山眞男の論文「超国家主義の論理と心理」は、終戦直後、さまざまな思想が解禁となり、マルクス主義や実存主義も一気にはやりだすなかで、知識層の若者たちの注目を集めた。前章でもふれたように、これが雑誌『世界』に載った翌年、一九四七(昭和二十二)年の春に発表された一高の学生アンケートでは、「話を聞きたい人」として、小林秀雄とともに首位に並んだのである。

丸山熱とニヒリズム

しかもこの年、その人気学者が、一高へ講義にやってきた。幣原喜重郎内閣の文部大臣として入閣した安倍能成のあとをうけ校長となった哲学者、天野貞祐《ていゆう》が、学生への社会科学入門として、丸山と、木村健康(経済思想史)、岡義武、尾高朝雄《ともお》(法哲学)の四名に、特別講義を頼んだのである。キャンパスはすでに一九三五(昭和十)年に駒場へ移転しており、本郷から足を運んでの出講であった。丸山の講義は、マックス・ウェーバーによる支配の正当性の理論の紹介から、「天皇制」の分析へと進むもので、会場の倫理講堂(現、東大教養学部九百番教室)には「崇拝者」の学生がおしよせ、終わったあと、本館時計台の前で講師を囲んで記念撮影が行なわれたという［坂本一九九五、松山一九九六］。

丸山はここで、どういう話をしたのだろうか。内容の詳細はわからないが、基調としては、前年に三島の庶民大学の機関誌で受講者にむけて書いたように、「人間理性に対する信頼」をもとにした、「近代」の自由主義と民主主義の立場から、「天皇制」を支える精神構造を批判するものであっただろう［集16－370］。

しかし、一高で教授を務めていたドイツ文学者、氷上英廣は、学生の丸山熱をさめた目で見ていた。そのころの学生で、のちに丸山のもとで政治思想史研究の手ほどきをうけることになる、小川晃一（一九四六年入学）が、その言葉を回想している。「丸山さんは歴史主義的であり、総てのものを相対化してしまう。そうだとやがてニヒリズムに道を開いてしまうのではないか」［小川ほか一九九〇］。――氷上は南原繁の女婿であり、その関係で丸山の人柄や、その研究について知っていた。これは、直接には荻生徂徠研究の論文に見える、マルクス主義と知識社会学を用いた分析方法についての言及であろうが、実は丸山のさまざまな発言に見え隠れするものを、言いあてているように思われる。

かつてフリードリッヒ・ニーチェが、「神は死んだ」と叫びながら、十九世紀後半からの西欧文化にみいだした「ニヒリズム」について、氷上は終戦直後の著書『ニイチェ――運命と意志』(一九四九年)でこう説明している。

在来一切の文化的な諸価値の根柢にはこの倫理的宗教的な価値が表面的にも潜在的にも決定的な作用を演じてきたのである。神が死んだことによるニヒリズム的徴候はしたがつて、さまざまな文化的側面とその動向においても自己を示しはじめずにはゐない。それはこれまで神的中心に集中せしめられてきた巨大な意志が解放されるに至つたためであり、それが矛盾と分裂の相のもとに自己主張し始めたのである。その場合肝要な点は、意志そのものが衰弱したのではなく、それらを嚮導する目標が見失はれたといふことが決定的なことである。人間意志は神が死んでも、なほいはば宗教的エネルギーを孕んでゐる。しかもその方向を規定するものがもはや全くないといふこと、これがニーチェの目睹する近代的ニヒリズムの動的な相である[氷上一九四九]。

かつて中世では神、近代では人間性が担っていた、さまざまな領域を貫く価値の中心が見失なわれ、懐疑にさらされて、多様な価値観の矛盾と衝突に悩むようになった時代。繋留点を失なった心の底の「エネルギー」が、不安定にゆれうごきながら、人々を激しくつき動かしてゆく。それが、ニーチェの目の前にあった現代にほかならない。同じ精神動向を、氷上は終戦後の日本の若者たちにも見ていたことだろう。

「現代」の子

もちろん丸山は、大学時代から助手時代にかけての経験をへて、西欧の「十八世紀啓蒙精神」〔集12-48〕にいちはやく結実したような、「近代」の思想にみずからの機軸を定めていた。しかし、「超国家主義」論文などで「倫理の内面化」を声高に唱えるとき、その倫理を、いったい何が根拠づけ、いかなる心情がそれへの支持を支えるのか、文章からは判然としない。のちに座談会では、第二章でもとりあげたように、ドイツ帝国議会でのオットー・ウェルスの演説にふれて、「歴史をこえた何ものかへの帰依なしに、個人が「周囲」の動向に抗して立ちつづけられるだろうか」と語り、「自由と平和と正義の理念」に対する強い信仰の姿勢を説いている〔座7-257〕。

だが歴史の現実としては、そうした近代の価値観が、すでに十九世紀後半から、「市民層のイデオロギー」として相対化され、説得力を失なってしまったことを、丸山の緑会懸賞論文がすでに指摘している。「ドストエフスキーおよびニーチェ以後、古い合理的ヒューマニズムへの復帰はもはや可能ではない。ヒューマニズムは超克されたのである」と説く、ソ連から追放された哲学者、ニコライ・A・ベルジャーエフの『ドストエフスキーの世界観』(一九二一年、香島次郎による日本語訳が四一年に出ている)もまた、戦時中に愛読した書物の一つである[座8-144]。歴史上の近代がすぎさったあとの「現代」が、ニヒリズムの苦悩を深く抱えており、みずからもその時代の子であることを、丸山はすでに自覚していた。

第二章でも見たように、丸山は昭和の世にふきあれた「超国家主義」の嵐や、戦時体制における「無責任の体系」について、「封建社会」の精神や、日本的な心性といった、「近代」に対して遅れた特色だけを、見ていたのではなかった。それは、「政治権力の諸問題」(一九五七年)で述べる言葉によれば、「先進国に共通する大衆社会的状況と特殊日本的な権力構造とがからみ合って出現した」のである[集6-359]。すでに一九四七(昭和二十二)年に、木村健康との対談で、いまの日本人には「近代精神」の確立とともに、近代を超える「現代精神」のあり方を探る、「二重の課題」があると説き、さらに二年後、田中耕太郎・猪木正道と鼎談で話したおりには、「近代」と区別された「現代」の特色として、国家の活動の拡大と、「大衆」組織の勃興とを指摘している[座1-10、227]。

「人間と政治」

つまり目の前にある日本社会は、農村に前近代からの因習が根づよく残っているかたわら、都市では「現代」化が激しく進み、両者の矛盾を抱える、いびつな社会だったのである。ここで「現代」は、かつて緑会の懸賞論文で指摘した「政治化」の動向に加え、「大衆社会」の登場――この用語は、雑誌『思想』一九五六年十一月号の特集「大衆社会」をうけて使われるようになるものであるが――が、その特色をなすものとして描かれる。そうした「現代」の様相について、丸山が戦後に初めて語った文章は、「人間と政治」(一九四八年)であった。そこにはこんな言葉が見える。

政治の予想する人間像というものは、昔からあまり美しくないことに相場がきまっている。カール・シュミットなどは「真の政治理論は必ず性悪説をとる」とすらいっている。たしかに政治的なものと真正面から取り組んだ思想家はいわゆる性悪論者であった。東洋でも政治(治国平天下)を個人道徳(修身)に帰属させた儒家が性善説をとったのに対し、法や政治の固有の意義を強調した荀子や韓非子の系統は多かれ少なかれ性悪論者であった。ヨーロッパでマキアヴェリやホッブスのような近代政治学の建設者が、いずれも徹底した悲観的人間論者であったことはよく知られている［集3－210］。

ただし、人間性は必ず邪悪なものだと言っているのではない。人間がみな悪いと決まっているならば、「人間の人間に対する統制を組織化すること」としての政治など、むしろ不要になる。そうではなく、人が「善い方にも悪い方にも転び、状況によって天使になったり悪魔になったりするところに、技術《アート》としての政治が発生する地盤がある」のである。

南原との対照

「人間と政治」は、南原繁がかつて、一九三九(昭和十四)年五月に発表した文章と同じ表題である。これは、シュミットが失脚したのち、ナチズム公法学の権威となったオットー・ケルロイターが、日独交換教授として来日し、東京帝大法学部でも講演を行なったことへの批判をこめて書かれたもので、当時は学外でも広く読まれた『帝国大学新聞』に掲載されている[集10-186]。そこで南原は、古代ギリシアのポリスに代表されるような「国家共同体」に参与することで、人間ははじめて人間らしく生きられると説くが、それにはまず、個人が「理性」を働かせて真理を探求する「自由な主観」が確立することが必要だと主張した。現代を支配する「全体主義」と政治化の風潮に抗して、学問と信仰における、近代の「主観の自由」を擁護したのである[南原一九三九]。

しかし、そんな「主観の自由」や理性の発揮など、政治化と大衆社会化が進んだ現代では、もはや不可能ではないか。丸山の「人間と政治」はそう問いかける。「人間の組織化行為」としての政治は、理性だけでなく、情緒や欲望にもはたらきかけ、「人間性のいかなる領域をも必要に応じて動員する」。宗教も学問も、その動員の手段に使われるのであり、とりわけマスメディアの発達した現代では、さまざまな宣伝を通じて「政治的イデオロギー」が人々の心に吹きこまれ、「内面的精神的領域のすみずみまで政治が入り込んでくる」。もはや、公私の領域分割という近代国家の原則は崩れさり、ジョン・ロックがかつて説いた自由主義ですら、戦後にはじまった冷戦の状況下では、共産主義勢力に対抗する、国家のイデオロギー闘争の道具と化している〔集3－218〕。

丸山の見るところ、二十世紀の世界では「典型的なデモクラシー国家においても大衆は巨大な宣伝および報道機関の氾濫によって無意識のうちにある一定のものの考え方の規制を受けている」〔集3－220〕。その点ではリベラル・デモクラシーを標榜する国家も、ファシズムと共産主義の「全体主義国家」も、程度の違いにすぎないのである。

政治的無関心

しかも、人々が情報の網の中にまきこまれ、知らず知らずのうちに、ある思想に染めあげられるのは、政府による巧みな宣伝のせいだけではない。のちに『政治学事典』(平凡社、一九五四年)に丸山が書いた項目「政治的無関心」によれば、マスメディアや、映画・演劇・スポーツといった大衆娯楽もまた、人々の関心を非政治的な事柄にむけることで、結果として「政治化」のはたらきを支えている。そこではたとえば、政治家の資質や業績よりも、その私生活での言動が注目を集め、重要なニュースは断片に切り刻まれ、娯楽情報とまぜこぜにして消費されてしまう［集6-117］。

このような、のちの呼びかたで言えば情報空間に生きているうちに、人々は「自主的判断」の能力を失ない、自分で考えた結果だと思っても、実はメディアによって刷りこまれた見解をなぞっているだけということになる。――こうした大衆社会の像は、ウォルター・リップマン『世論』(一九二二年)や、チャールズ・E・メリアム『政治権力』(一九三四年)といった、アメリカ政治学の古典から学び、構成したものであるが、丸山ののちの論者による管理社会論や、インターネット社会論へとひきつがれてゆく。

「なぞ」的な人間と「政治」

ここで説かれているのは、南原がかつて「人間と政治」で古代ギリシアのポリスを範型として掲げたような、あるいは丸山が「近代」の政治原理を描くさいに考えた「人間仲間」の道徳秩序のような、理性を体現する「主体」としての個人どうしが結びあって、共同の秩序を作りあげる世界ではない。丸山が焦点をあてるのは、むしろ、情緒や欲望につき動かされる「「なぞ」的な人間」の群れを、何とかして安定した状態へと「組織化」しようとする、「政治権力」の精強なはたらきである。

また、南原は、個人による真・善・美の追求や、聖なるものへの信仰とは区別された、一つの共同性を作りあげ、「正義」の価値を実現する集団の営みとして、政治を定義した。しかし丸山がやがて、著書『政治の世界』(一九五二年)で説いたところによれば、そうした政治に固有の目的と空間は定まっていない。政治は「あらゆる文化領域を貫いて潜在している」[集5-137]。たとえば学問や宗教に関する論争であっても、そこでの対立が倒すべき敵との闘争と見なされるまでに強まってゆき、物理的暴力を最終的な背景として、「権力」による紛争の解決が図られるならば、そこに政治が生まれる。

遍在する権力

敵と味方とを区別し、味方を結集させ敵を排除する不断の努力を、「政治的なるもの」の指標とするのは、カール・シュミットが『政治的なるものの概念』で説いたところである[集5-136]。「真の政治理論は必ず性悪説をとる」という命題も、この著作に由来する。だがシュミットが、敵を指定する決断の主体を主権国家に限ったのとは異なって、丸山は、国家をこえた「国際組織」にも、また国家の内にある「政党・労働組合・教会等」にも、その「内部統制」のはたらきとして微細な権力が生まれ、広い意味での「政治」が遍在すると考える[集5-145]。人間のすべての営みが、いつでも「敵」との激しい対立に転化しかねない、流動する状況のなかで、その時々の紛争事項に即した範囲で統合を達しようとする「権力」のはたらきが、政治なのである。

この時代において、政府の施策が人々の生活と思考のすみずみにまで影響を及ぼしていることに目をつけるなら、国家の力はこれまでないほどに増大している。その極点を示すのが、丸山がファシズム体制の特色として強調した、国家があらゆる中間団体を破壊して、ばらばらに放り出された個人をじかに統制する、「強制的同質化《グライヒシャルトウンク》」にほかならない。

しかしその反面、上からは「国際的機構での政治」が浸透し、下からは社会におけるさまざまな利害や、目にみえない「世論の力」が政府の意志決定を動かすようになった結果、「だれが一体権力を担って、だれが政治の動きを究極的に決定しているかということが、かえってはっきりしなくなった」と、丸山はのちに対談「政治学の研究案内」(一九六〇年)で指摘する[座4-93]。友と敵の対立をうみだすさまざまな関係は、大衆社会において複雑にからまりあい、国境をもこえて広がってゆく。だれもその全体を見わたすことはできず、いつどこで起こるかわからない紛争にそのつど対処することを、人々は迫られる。政府の権力がかつてないほど強大になった反面、それを行使する意志の中心が見あたらない空虚な制度体に、国家は変わってしまった。この、いわば近代国家の死を、かりに文化状況における神の死におきかえれば、丸山の説く「現代」の姿は、氷上が紹介するニヒリズムと重なってくる。

国家の変質

『政治の世界』と『現代政治の思想と行動』上・下(一九五六～一九五七年)に収められた諸論

文が展開する、こうした政治観は、のち一九七〇年代末以降に、神島二郎や藤原保信といった政治学者から、権力中心の見かたとして批判されることになる〔神島一九七九、藤原一九八五〕。いちおう丸山自身は、むしろ個人の「内面性に依拠する立場」が、政治化に抗して自主性を守りぬくためには、「自己を政治的に組織化」し、権力者のリアリズムの思考を身につけなくてはいけない、と「人間と政治」でも説いており、権力作用に着目することが、「主体」としての一般人の自発性を旨とする「近代」の秩序像と、まったく食い違うわけではない〔集3-222〕。だが、不安定な状況変化にまきこまれ、メディアのもたらす情報洪水の中に漂う、「現代」大衆社会の「『なぞ』的な人間」は、どうすれば、そうした「主体」として目ざめることができるのだろうか。

「見えざる権威」の必要

滔々たる「政治化」の波の中で、「人格的内面性」を徹底して守りうるのは、宗教の立場、とりわけ「ラジカルなプロテスタント、例えば無教会主義者であろう」と、丸山の「人間と政治」は説いている〔集3-220〕。明らかに、無教会のキリスト者であった南原繁を念頭に置いた文言である。すでにたびたびふれた、オットー・ウェルスの演説を紹介した座談会で、丸山はこうも言っていた。

もし経験的現実として目に映る世界がすべてになってしまって、それをこえた目に見えない権威――神であっても理性であっても「主義」であってもいい、とにかく見えざる権威によって自分がしばられているという感覚がなくなったら、結局は見える権威に――これまた政治権力であろうと、世論であろうと、評判であろうと――ひきずられるというのが、私の非合理的な確信なんです［座5－315］。

神仏への信仰にせよ、ある理想への確信にせよ、「見えざる権威」に縛られているという感覚が、みずからの「人格」の一貫した統合をしっかり守る。自身についても、歴史家、家永三郎から、著書『続・親鸞を語る』(一九八〇年)を贈られたのに対する礼状葉書で、「貴兄が仏教にきわめて近く立っていながら、仏教信者にならないのと、やや似た関係が、私の場合にはキリスト教にたいしてあります」と、キリスト教信仰に対する複雑な思いを語っている［書3－18］。

しかし先にも見たように、宗教信仰までもが、国家や政治党派、あるいは営利団体による操作の対象となっている時代が、丸山の言う「現代」にほかならない。また、南原であれば、個人の内面での信仰とともに、ネイションの理想を表現する皇室への敬意を通じて、人と人が感情の次元で「国民」の共同性に結ばれる回路を、安定した秩序の支えとして説くことができた。

だがすでに「天皇制」への批判者である丸山には、そうした選択肢はのこされていない。「現代」において人間は、不断に流動する力関係の渦にまきこまれ、何が本当の自分の思考なのかもわからなくなり、足元には価値の相対性とニヒリズムがつきまとってゆく。この難問が、丸山の思想の営みには、終生の課題として残ることになる。

2　「恐怖の時代」をこえるもの

「逆コース」の到来

終戦ののち、言論の自由と、さまざまな自主的結社の活動が花開く、丸山にとっての解放の時代は、それほど長くは続かなかった。すでに一九四七(昭和二十二)年二月、いわゆる二・一ゼネストに対する中止命令をきっかけに、占領軍当局は労働運動の急進化を抑えるようになり、翌月のトルーマン・ドクトリンの発表によって、ソ連が主導する国際共産主義運動に対する「封じ込め政策」の一環として、日本の復興をくみこもうとするアメリカ政府の意図が明らかになる。

政策の転換は水面下でゆっくりと進み、ついには、一九五〇(昭和二十五)年の元日、マッカーサーが日本の再軍備の必要をほのめかし、六月六日、共産党中央委員の公職追放を首相吉田茂に指令した。占領政策における「逆コース」のはじまりである。それまで軍国主義者を追放していたのとまさしく正反対であり、「僕らの実感では、なんとも短い春だったという気持です」と、のちに丸山は回想している〔集15－58〕。

「逆コース」の嵐は、六月二十五日に朝鮮戦争が勃発すると、危機感の高まりを背景として、急激にふきあれることになる。七月には警察予備隊が創設され、レッド・パージが、報道機関・企業・官庁へ、たちまちのうちに広がった。この前年に新制大学として再出発した東京大学でも、九月には教官のパージの噂が広がり、六月三十日付で教授に昇進していた丸山も、パージが予想される一人として名を挙げられた。これに対し、学生による反対運動のもりあがりをうけ、十月、緊急に開かれた法学部の教授・学生合同集会で、「もし我々が、客観的に考えられる線よりも後退するならば、我々は現在行き過ぎていると考えられる学生を責める理論的道徳的根拠を失うであろう」と丸山は抗議の意志を明らかにする。こうした言動のゆえに、その後しばらく、アメリカの大学からの招待があっても、ヴィザの発行を大使館から拒否されることになった〔福田二〇〇〇〕。

恐怖の時代

また、国内の文化状況も、神社の再築や、戦前型の道徳歴史教育や、小中学校での日の丸・君が代の復活が進められて「復古調」が色濃くなり、占領軍に押しつけられた憲法に対する批判も、公然と唱えられるに至る〔丸山一九五三〕。さらに、リベラル・デモクラシーの先進国であるはずのアメリカで、マッカーシズムによる共産主義者の告発、「赤狩り」が突然にはじまったことは、丸山に大きな衝撃をもたらした。報じられるアメリカ国内での、「公的私的なスパイ組織の活動、ダニのように執拗な反共団体の攻勢、しかもこれに対する一般市民の抵抗の驚くべき微弱さ」に接して、論文「ファシズムの諸問題」(一九五二年)で、ファシズムの新たな生成を指摘したのである〔集5−256〕。

のち、一九六一(昭和三十六)年にハーヴァード大学に滞在した際、極右団体、ジョン・バーチ協会の組織運動に接して、「三〇年代の中期の日本」を感じたと書簡にあるが、それはマッカーシズムから受けた衝撃が、その後も深く心に残っていたことを示している〔書1−77〕。吉田茂を首相とする自由党政権にも「ファッショ化」の傾向を見ており〔集5−273〕、戦前・戦中の抑圧体制が復活しかねないという危機感を、丸山は強く抱いていた。

この時、丸山にとっては、戦前から指摘していた「政治化」の病理が、再び荒々しい形をとって、日米両国に現われたのである。「自由社会」の敵に対する恐怖感が、政府と国民の双方を覆って、「ヒステリック」な弾圧が進められ、これに対して共産党の側も孤立のなかでますます戦闘色を強め、恐怖の悪循環が肥大してゆく。――一九五〇年の末にこの状況を分析した短文に、丸山は「恐怖の時代」と表題をつけている。

全面講和論

この「恐怖の時代」の日本への到来は、講和条約をめぐる論争が、一九四九(昭和二十四)年の秋から、激しくたたかわされるさなかのことであった。日米両政府が、自由主義陣営の西側諸国のみとの単独講和を方針としたのに対し、岩波書店の編集者、吉野源三郎のよびかけをきっかけに集まった知識人集団、「平和問題談話会」は、雑誌『世界』を舞台として、東西両陣営の平和共存と、全面講和を唱えた。平和共存の標語は、はじめはソ連が提唱したものであり、日本国内でも共産党と社会党左派が平和運動をはじめていた。だがあくまでも革命運動の一環にすぎず、中立と全面講和を説いてはいても、とくに共産党の場合、東側諸国を「平和勢力」と見なし、合流するための手段という性格は隠しえない。これに対して特定の政党との関係をもたず、安倍能成・和辻哲郎といった「オールド・リベラリスト」から、マルクス主義者までを幅ひろく含んだ、平和問題談話会の声明は、多くの国民をひきつけたのである[中村一九六三]。

丸山もまた、談話会の発足のときから中心人物の一人としてかかわり、朝鮮半島での開戦の衝撃のなかで、三度めの声明「三たび平和について」(『世界』一九五〇年十二月号)の第一章、第二章の執筆を担当した。この文書は、「二つの世界」の対立を、相容れないイデオロギーの相刻ではなく、国家による外交の「権力政治」の側面でとらえるよう、「思考方法」の転換をうながす。そして、核兵器の登場をうけた「現代戦争」においては、武力衝突は交戦国双方の全滅をしかもたらさないこと、また、東西両陣営それぞれの内部にも、国家どうしの利害の食い違いが生じており、インドや中国が自主的な路線を歩もうとしている、国際政治の現実を指摘する。このように、空想的な平和論ではなく、むしろ国家の利害を冷徹に計算する分析手法を用いることで、丸山は平和共存と非武装中立の理想を、さまざまな立場の人々に共有させようと試みた。

国内冷戦のなかで

その後の歴史の展開からふりかえれば、五十嵐武士が指摘するように、談話会が唱えた平和論は、日本政府が単独講和にふみきったことで敗北し、その役割を終えたのではない。むしろ、自由党・自民党政権にも、理想の次元ではとりいれられ、あるいは利用されて、対米協調の外交政策を補完する役割をはたしていったと言える〔五十嵐一九九五〕。だが、談話会の声明における全面講和と非武装中立が、翌年に日本労働組合総評議会(総評)の行動綱領に採用され、社会党左派もそれに歩調をあわせたことは、国内冷戦の局面では、「左」側、「革新」側の陣営に属する言論人という丸山のイメージを決定づけた。個人の言動としても、論文「ある自由主義者への手紙」(一九五〇年)で、「政治的プラグマティズムの立場」から共産党への弾圧を批判し〔集4-333〕、朝鮮戦争の原因に関して「不可知論」の立場をとった〔座2-140、集15-327〕ことで、その印象はいっそう強まっただろう。

平和問題談話会の参加者でありながら、朝鮮戦争の勃発にふれて、単独講和支持に立場を変えた蠟山政道は、談話会の声明を、「日本をとりまく現実の冷戦状況など国際情勢の考察よりも、むしろ日本人としての平和達成への理想主義的願望がその基調をなしていた」と、のちに批判することになる〔蠟山一九六七〕。しかし丸山に言わせれば、西側陣営の一員に加わるよりも、二つの世界の間で中立を貫くことこそが、「世界平和の確保」のため、日本が国際世界に貢献できる手だてにほかならない。しかも日本国憲法がうたう軍備放棄は、現代ではもっとも現実的な選択であり、いまだ武装にこだわる諸外国に対する、「精神的攻勢」の武器になるはずである〔集11-216〕。軍事衝突が核戦争へ転化する可能性を極端に高く見つもっていることは否めないが、のちの国際政治学の概念で言えば、強力なソフト・パワーの主張とも呼べるだろう。まさしく原爆をその身に体験したからこそ口にできる、強気の理想主義なのであった。

療養所生活

しかし、さまざまに立場を異にする参加者と意見をたたかわせ、泊まりこみで声明を書きあげる活動を続けたことは、身体に負担をしいた。同じ年には新たに「政治学史」の講義を臨時に担当したせいもあって、丸山は左肺に結核を発し、一九五一(昭和二十八年二月から一年二か月の間、そして一九五四(昭和二十九)年一月から一年三か月間の二度にわたり、国立中野療養所などで生活を送る。それは、日常生活から隔離された空間で、ふだんの職業や地位をとりはらい、患者どうしが「療友」として暮らす、どこか留置場や軍隊にも似た「真空地帯」の経験であった〔集12－298〕。しかもこのたびは、期間がそれぞれ一年以上と長い。

終戦直後は、海外からの引き揚げや食糧不足を背景にした、結核患者の激増期にあたり、療養所の施設は劣悪だった。ストレプトマイシンによる化学療法はまだ普及せず、治療の中心は、外科手術と長期の安静である。国立の結核療養所では、しばしば職員組合と患者自治会が、処遇の改善や経理の明朗化をめぐって当局との間に激しい闘争をくりひろげ、レッド・パージの現場ともなった。丸山が入所した中野療養所にも、その余燼はまだくすぶっていたことだろう〔高三　二〇〇四〕。

内と外の壁

丸山は、「三たび平和について」の中で、国際情勢が緊迫したときに、「神と悪魔の対立の図式」が人々の思考をおおいつくして、敵を非難し、自国の「裏切り者」を告発する熱狂が、危機をさらに高めてゆく病理を指摘していた〔集5－12〕。しかし、そのように人が、周囲についてのあるイメージに支配され、別種のイメージを抱いて生きる他者との間に、言葉が通じなくなるという状況は、何も政治上の対立の場面だけでなく、日常生活のなかで、ひんぱんに起こっていることに、療養所生活を通じて深く気づかされることになる。二度めの入所の期間中に、厚生省が経費削減のため附添婦の廃止を打ちだしたことが、療養所内で騒動をひきおこし、社会でも大きな問題になった件をめぐって、丸山はこう語る。

それにしても、僕は今度の問題などを通じて、ひとの「身になって」みるということが現実にはいかに困難かをあらためて覚った。だから現に僕自身、療養所の「外」の人に対してはいっぱし内側の住人として語っているけれども、一たび長期療養者や重症患者の前に立つと、この人々の生活の内面には、僕などのなまじっかな「同情」ではどうしても入り込むことのできない領域があり、その精神には到底外から体験できないリズムと起伏があるように思われて、自分の療養者としての発言がそらぞらしく感じられて来る。ラスキが『グラマー』などで口をすっぱくして一人一人の経験のかけがえのなさ(uniqueness)ということを説いているのが、何かいままでより切実な重みを持って思い出される(「断想」一九五六年、集6-152)。

同じ「療友」としての生活をしていても、重症患者と軽症ですんでいる者との間には、現実感に大きな違いがあり、相手についてこれまで抱いてきたイメージを相対化し、その人を「他者」それ自身として理解するのは、容易なわざではない。そのことを痛切に感じたとき、英国の政治学者、ハロルド・J・ラスキの著書『政治学範典』(*A Grammar of Politics*、一九二五年)によれば権利と自由の基礎をなすもの、一人一人の経験の「かけがえのなさ」が、身に迫ってくるのである。

丸山はのちに座談会で、「自分と同じ人間は世界に二人といない――簡単にいえばこの自覚、というより驚きの自覚が精神的な自立の最後の核じゃないかと思うんです」と述べている［座5－305］。相手の思いをすぐにわかったつもりになる、安易な同情の態度を捨て、その人を「他者」として理解しようとしながら、対話を続けてゆく。その過程で、ひるがえって自分自身についても、その「かけがえのなさ」を、驚きをもって自覚することになるだろう。個人が、心の底にうごめく不定型なエネルギーにひきずられず、「精神的な自立」をしっかりと保つには、このような姿勢で、ほかの人々とのコミュニケーションを続けることが不可欠なのである。

――やがて丸山は、社会関係における「他者感覚」の重要性を説くようになり、論文「近代日本の思想と文学」(一九五九年)では、この「他者意識」と「市民意識」との連関をたどることを、思考の課題にあげている［集8－135］。

さらに、この二度めの療養生活で、丸山はもう一つの事件を経験していた。附添婦廃止問題が浮上する前、一九五四（昭和二十九）年五月に、きびしい予算削減の中、空きベッドを確保するため、軽快患者を退所させる「入退所基準」を作るよう、厚生省社会局が各都道府県に通達したのである。これに対し、各地で療養所の患者たちが抗議に立ちあがった。そして東京でも、七月二十七日の朝から、入退所基準の撤廃を求めて患者三千名が都庁におしかけ、都議会議事堂ですわりこみを行なっていたとき、国立村山療養所から参加した女性患者が、夕方に心臓麻痺をおこして急死してしまう。しかし、抗議の指揮にあたっていた都患同盟（全国組織である日本患者同盟の東京支部）は、すわりこみを二日後まで続けた。この抗議行動は、「死の座り込み」と呼ばれることになる。

死の座り込み

丸山自身はすわりこみには加わらなかったが、同じ中野療養所から軽症の患者が出発し、消灯後に戻ってくるのを見とどけている。それは、日本患者同盟や、療養所内の患者自治会の働きかけによらない、まったく自然発生で生まれた運動であった。「誰にいわれるともなく患者の間に一種の「分業」が成立し、所内に残った患者は夜食を手づくりして、デモから戻って来る人たちに供した」［集12－297］。予算削減を理由に、いつ療養所から放り出されるかもしれない不安のなか、自治会の熱心な参加者でもない、ふだんは「非政治的」だった患者たちが「急激に政治化」し、激しい行動へむかう。しかしそれは、「しっかりした組織性のないいわばケイレン的な爆発」に終わり、悲惨な犠牲まで出したのである〔座2-112〕。

非政治化と過政治化

実は、二度の療養所生活のあいだに発表した『政治の世界』(一九五二年)や、事典項目「政治的無関心」(一九五四年)で丸山は、現代の大衆社会で、人々がメディアの供する娯楽や情報を享受するだけの受動的な存在と化し、政治に無関心になるかたわら、その同じ人々が、唐突に熱烈な政治参加へとむかう現象を指摘していた。

現代において、政治機構は複雑化し、国際世界の動向が人々の生活にじかに影響を及ぼすようになったことも重なって、誰が決定を行なっているのか、まったく見えなくなった。そこで人々は、自分の手の及ばないところで政策が決まっていると感じ、無力感にとらわれるようになる。これが無関心の内実であり、その「諦観と絶望」は政治に対する「焦躁と内憤」と背中あわせになっている。そこに「政治的指導者」が目をつけ、メディア上での宣伝を通じて、反対勢力や、特定の外国に対する憎悪をかきたてると、その強烈な刺戟に人々は興奮し、「自我の放棄による権威への盲目的な帰依」にむかってゆく〔集6-114〕。――ドイツも日本も含めて、かつて「ファシズム独裁」が登場した心理基盤を、丸山はこのように説明した。いまから見れば、一九五〇年代よりも、二十一世紀初頭の政治の現実に、ぴったりくるような指摘である。

大衆社会の問題

丸山は、「逆コース」の到来によって、ふたたび国家が強力に「政治化」を推進してゆく危険性をまざまざと実感し、「死の座り込み」では、政治に無関心だった人々が、突如として激しい政治行動へと邁進するようすを目撃した。たぶんこのことと関連して、論文「日本におけるナショナリズム」(一九五一年)を最後に、ナショナリズムの再生という課題を、丸山はほとんど口にしなくなる。サンフランシスコ講和条約の締結により、独立をあらためて言う必要がなくなったせいもあるだろうが、大衆社会の問題状況が深まる中で、戦前型の滅私奉公の愛国心を復活させようとする動きが擡頭したことは、日本人のナショナリズムに対する警戒を、丸山の心に深く根づかせることになった。

これ以後、たとえば「ファシズムの現代的状況」(一九五三年)に見えるように、「国民ができるだけ自主的なグループを作って公共の問題を討議する機会を少しでも多く持つこと」を唱え、「自発的結社」の意義をさらに強調してゆくが、それを健全なナショナリズムの育成と関係づけて説くことはない[集5－318]。この大衆社会では、人々が国民のアイデンティティを旗印に、一丸となって活動することは、むしろ過剰な熱狂から「敵」と「裏切り者」の排除にむかってゆく危険をはらむのであり、アメリカのマッカーシズムは、リベラル・デモクラシーの制度をきちんと備えた国ですら、そうした病理を免れないことを、丸山に痛感させたのだろう。

同じ「逆コース」の状況のもと、南原繁は、戦後の講演や評論を集めた文集を岩波新書で刊行し、そこにも『人間と政治』（一九五三年）の表題をつけた。その中で南原は講和条約による日本の独立にふれ、それは「新たに国民主権の基礎の上に、自由にして平和な民族の生誕ということでなければならない」と説き、一九四七（昭和二十二）年の紀元節に安田講堂で行なった講演「民族の再生」を再録している。このように、新しいナショナリズムの意義を高らかに唱えることは、当時の丸山にとってはすでに、「政治化」が過度に進んだ現代に関する、甘い楽観にしか見えなくなっていた。

アマチュアが支えるデモクラシー

したがってこのころから、丸山が読者にむかって奨める内容は、六〇年安保の際を除けば、おたがいに顔の見える小さな集団の中で、日ごろから政治や社会や文化の問題を討議することを通じ、「自主的な批判力と積極的な公共精神」［集５―190〜191］を養うことに限られてゆく。そうした基礎の上で、日常の仕事のあいまに政府の動きを「監視」する、「非職業政治家の政治活動」が大事なのである。これを丸山は、親鸞の発想に基づく「在家仏教」の考えにたとえた。「政界」を構成する職業政治家だけではなく、「政治を目的としない人間の政治活動によってこそデモクラシーはつねに生き生きとした生命を与えられる」のである［集8-314〜315］。

もちろん、政治を運営する際に、職業政治家や官僚の役割は重要であるが、そうした政治のプロフェッショナルの仕事に加えて、アマチュアとしての一般人による、監視の営みがなければ、デモクラシーは空文化する。丸山が長年つきあった友人や、演習で教えた学生には、官僚となった者が多数いたし、やはり近所に住んでいた政治家、三木武夫としばしば歓談し、ときには政策をめぐる議論もたたかわせていた［三木一九九七］。しかし、政権や政党に助言者として奉仕する役目にはつかず、公の発言としては、講演や文章を通じて一般人に語りかける姿勢に終始した。三谷太一郎の表現を借りれば、現実政治における「アマチュアの精神的リーダー」となる道を選んだのである［三谷一九九七］。

リアリズムの思考

しかし、アマチュアによる監視と言っても、場あたりな感情に基づいて政府を非難したり、理想を高遠なものにつりあげ、ないものねだりをする姿勢を、丸山はきびしくしりぞける。講演「政治的判断」（一九五八年）で説くところによれば、職業政治家が身につけるべき、「政治的なリアリズム」の思考方法を、国民の一人一人もまた、自分のものにすることが必要なのである。「現実というものを固定した、でき上がったものとして見ないで、その中にあるいろいろな可能性のうち、どの可能性を伸ばしていくか、あるいはどの可能性を矯《た》めていくか、そういうことを政治の理想なり、目標なりに、関係づけていく考え方」［集7－319］。そして、理想にあこがれるだけではすませず、目先の利害への固執にも陥らない、均衡のとれた態度。こうしたリアリズムの思考は、戦後の日本では、とりわけ「革新」側の政治勢力に乏しいものであり、人々が小集団や地域など、「多層」な討議の空間を作りあげ、その中で経験を積むことで培われる［集8－291］。

もちろん「政治的なリアリズム」は、現状を動かしがたい既成事実の積み重ねと見ることを避け、つねに変化しうるもの、改良しうるものと見なす初動姿勢だけにとどまらない。不本意な現状を「敵の陰謀」のせいにするのではなく、自分の側の状況認識の誤りとして省みて、結果にきちんと責任をとってゆく態度［集7－310］。現実を「一般的・抽象的な命題に還元」せず、そのさまざまな側面を見わけ、適切な選択を行なう思考力［集7－320］。政治に「ベスト」を期待して、激しい失望に陥るのを避けるため、それはあくまでも「悪さ加減の選択」にすぎないと覚悟して臨むこと［集7－327］。そしてどの政治勢力を支持するかについても、これまでの勢力分布にとらわれず、「全体状況の判断」から柔軟に決めてゆく［集7－330］。このような思考法の訓練を、日常の暮らしの中で続けることが、大事なのである。

六〇年安保の昂揚と不安

本書が序章でとりあげた、一九六〇(昭和三十五)年の、日米安保条約の改訂反対運動における丸山の活躍もまた、こうした政治のアマチュアの一人として、政権の暴挙に抗議する意図に基づいていた。そのころの丸山は、「現実政治の問題」を論じることから身を引き、日本思想史の研究に専念したいという思いを強く抱いていたが、五月十九日の強行採決の報道に接して、翌日に同僚の辻清明(行政学)と「これは黙っていていいだろうか」と話しあい、日高六郎からの誘いに応じて、二十四日の「学者文化人集会」で、「選択のとき」を講演することになった[集15-338]。

岸首相が議会制民主主義の原則をふみにじって強行採決を行ない、それに抗議する群衆が、それまでの労組や学生による組織運動をこえ、二万人も国会前に集まったことは、みずからも立ちあがらなくてはいけないという使命感を、丸山に呼びおこした。だがそれは、本人の心づもりでは、「市民」の一員として暴挙を目にしたがゆえの、やむにやまれぬ行動であり、政治学者の見識を通じて人々を指導するつもりではなかった[座9-293]。実際、北川隆吉《たかよし》の回想によれば、「選択のとき」の講演ののち、国会へのデモを行なっている道中、先頭の宣伝車が、われわれは知的職業につく者として、とスピーカーで演説を流したところ、丸山は隊列のうしろから走ってきて車に飛びのり、「市民として」と言い直させたのである[北川ほか二〇〇〇]。

だが、おそらく丸山はこのとき、かつてないエネルギーを見せる大衆運動のもりあがりに、大きな不安を感じてもいた。いっしょに首相との面会を求め、官邸の応接室に入った清水幾太郎が、逮捕も辞せず、すわりこみをさらに続けようと主張したのに対し、「清水さん、そんな風に面会を強要するのは、僕の趣味に合わないし、民主主義に反すると思うんだが……」と反対したという［清水一九七五］。そのとき丸山の念頭には、運動が急激にもりあがり、その勢いを指導部も制御できないままつきすすんで、犠牲者を出すことになった、六年前の「死の座り込み」の記憶があったことだろう。

「長い宿酔が来る」

この三日後、開高健・竹内好とともに永田町で行なった鼎談「擬似プログラムからの脱却」で、前日の国会デモの参加者が十七万人にまでふくれあがった、安保反対運動について、「エネルギーというだけで、秩序形成的な力というものが、混沌の中から出てこないで、単なる形式に対する反発にとどまって」しまう可能性を丸山は指摘する。そして窓の外にデモ隊の歌声をききながら、カール・マルクスの言葉、「有頂天の革命的精神のあとには長い宿酔が来る」を口にしたのである［座４－117］。「現代」の大衆社会状況に対する不安は、人々が民主主義の擁護に立ちあがる姿を見ても、あるいはそれを目にしたがゆえに、さらに黒々と広がっていた。

もちろん丸山は、この運動の意義をまったく否定するわけではない。革新政党や労働組合や新左翼党派といった、「既存の革命的な組織」が指導する運動はこれまでもあったが、このときはじめて、そうした組織に属さない「普通の市民」が怒りを爆発させ、行動にむかったのである。そこに丸山は、戦後十五年をへて「憲法感覚」が人々の生活のなかに定着し、民主主義がようやく「地につきはじめた」ことを実感した〔座4－112～114〕。五年後の座談会でも、この運動の「敗北」や「挫折」をやたらに言いたがる、職業運動家や「半プロの評論家」をいましめ、岸内閣が民衆の声に圧倒されて、自衛隊の出動といった弾圧策をとれなかったことに注意をうながしている〔座6－108〕。

「市民主義」への懐疑

一九六〇年の六月、組織に属さない膨大な運動参加者が、すでに受動的な「大衆」ではなく、国家権力に対する怒りを、生活者の視点から表明する「市民」に成長しているようすに、哲学者、久野収は「市民主義の成立」を見た〔久野一九六〇〕。やがて一九六〇年代半ばに至ると、丸山の演習の出身者である政治学者、松下圭一が、経済の高度成長と都市化の進展を背景に、生活水準があがり余暇が拡大したことによって、現代の日本社会に生きる人々が「市民感覚」を成熟させていると説くようになる〔松下一九六六〕。久野や松下の主張は、六〇年代以降、さまざまな地域と問題領域で展開する「市民運動」の原理として、広くうけいれられていった。

ところが丸山は、こうした「市民主義」の主張に、はげしい違和感を表明する。一九六一(昭和三十六)年、佐藤昇との対談「現代における革命の論理」では、「市民」という存在を実体として考えるのは不適切だとして、「市民主義」という言葉は使わないと宣言している〔座4-149〕。日ごろ、さまざまな職業に就いて生活する人々が、やむをえずその寸暇をさいて、自分の本来の目的ではない政治活動へとむかい、職場の内部をこえた「外への連帯性」にふみでるとき、意識のそうした側面を「市民的」と呼びうるだけなのである。

いやいやながらの政治参加

これとは異なって、自分の生活のすべてを政治参加に捧げるような「完全市民像」に、丸山はむしろ、大衆社会における不安と孤立感を共同体との合一化で癒そうとする、ファシズムと紙一重の危うさを指摘する〔座4-142〕。政治のプロフェッショナルではない、一般人の政治とのかかわりは、あくまでも「いやいやながら」のはたらきかけ、「パートタイム参加」にとどまるべきものなのである〔集8-39、丸山二〇〇五〕。久野にせよ松下にせよ、政治とは別に生活の基盤をもつ人々を「市民」と呼んでおり、ここで言う「完全市民」となることを推奨したのではない。だが丸山は、「市民」の名が一人歩きをすることで、地道な生活に根をおかない「市民運動」活動家——プロ「市民」という逆説——

が続出することを憂慮したのだろう。

こうして丸山は、政治というものは、「大勢の人間の毎日の散文的な要求」に応える、「本来的に保守的なもの」だと強調し、激しい行動によるラディカルな変革へのあこがれを、辛辣に批判するようになる[座5-141]。手記『春曙帖』では、英国の政治哲学者、マイケル・オークショットの言葉、「政治学とは、恒久に完璧な社会を打立てる技術ではなくて、すでに存在しているある種の伝統的社会を研究してつぎにはどこへ行ったらよいのかを知る術である」を抜き書きしている[丸山一九九八a]。政治にかかわってゆくこと、そして政治を考えることは、もともとはきわめて地味で、「散文的」な営みなのである。

したがって、「一般市民」の政治参加は、仕事のあいまに「種々の問題について気軽に集まり話し合い」、必要があれば政党や代議士に働きかけて、目的が実現されれば解散する、というやり方でよい[集16-24]。安保反対運動のさなかでも、丸山が論文「八・一五と五・一九」で唱えたのは、市民の政治参加の手段は、街頭のデモ行進だけではなく、一人でできる「投書や抗議電報」も重要だということであった[集8-374]。何とも華やかさを欠く提言であるが、丸山の考えでは、そうした社会のすみずみからの積み重ねが、やがて「政治化」をまきかえしてゆく波を作りあげる。

しかし、こうした穏やかな政治参加のすすめは、雑誌に寄せた文章や対談で表明されたのみで、『丸山眞男集』や『丸山眞男座談』が刊行されるまで、再録されることもほとんどなかった。読者の多くがふれえたのは、新聞で大きく紹介された講演「選択のとき」や、『現代政治の思想と行動』増補版が収める講演「現代における態度決定」で、岸内閣に対する抗議に立ちあがるよう人々をうながす、六〇年五月の丸山の姿である。安保反対運動ののち、丸山は新左翼の論者たちの批判の的となり、大学紛争に際しても、全共闘の学生から、学園秩序を固守する教授の代表とみなされ、集中攻撃にさらされた。そうした批判には、丸山の講演が読者に喚起するものと、丸山本人の志向との違いにとまどい、裏切られたという思いがこもってもいたのではないか。

3　もうひとつの伝統

精神的スランプ

六〇年安保に先だつ、一九五八(昭和三十三)年に、丸山は、かつて「軍国支配者の精神形態」を雑誌に載せたさいの担当編集者でもあった思想史家、橋川文三《ぶんそう》らとの座談会「戦争と同時代」に招かれた。歳下の参加者たちとともに、丸山が軍隊経験について詳しく語った機会としても興味ぶかいが、座談会の終わりに「自分はこれからどういう方向で仕事をしていきたいか」を各人が語る段になると、丸山は「ほんとに、この一、二年というもの、精神的スランプを感じるんです」と語り、珍しく歯切れの悪い言葉を続けるのである。

つまり大げさだけど、ぼくの精神史は、方法的にはマルクス主義との格闘の歴史だし、対象的には天皇制の精神構造との格闘の歴史だったわけで、それが学問をやって行く内面的なエネルギーになっていたように思うんです。ところが、現在実感としてこの二つが何か風化しちゃって、以前ほど手ごたえがなくなったんだ〔座2-234〕。

マルクス主義も「天皇制」も、「昔ほど堅固な実体性をもってぼくに迫ってこなくなった」と、丸山は告白する。そしてこの前後から、現代日本の政治状況を分析する仕事をはなれ、日本思想史の研究に「ふたたび精力を集中するようになって」ゆく〔集9-161〕。それは一つの要因としては、岡義達《よしさと》、京極純一、升味準之輔、永井陽之助といった、次世代の政治学者たちが、日本政治の研究に活躍しはじめたためでもあった。だが本望の思想史研究に戻れる状況になっても、こうした「スランプ」を丸山は口にし続けるのである。一九六七(昭和四十二)年、鶴見俊輔との対談「普遍的原理の立場」では、自分はもともと「隠遁型」で、六〇年安保の際の行動はやむをえぬ「例外」だったと述べ、「天下国家論よりは音楽なんか聞いているほうが、楽しいね」と語っている[座7－106]。

やがて一九六八(昭和四十三)年から翌年にかけて、東大に大学紛争がまきおこる。丸山は総合図書館の地下にある明治新聞雑誌文庫の運営委員会主任として、所蔵資料を守るために連夜泊り込み、さらに学生から研究棟の封鎖と講義妨害を受けたこともあって疲れはて、肝炎で倒れ、ふたたび入院生活を送る。そして七一年三月、停年まで三年をのこして大学を退官した。だが悠々自適の生活に入っても、翌年の書簡では、「失語症ならぬ失文章症」に陥っていて、論文「歴史意識の「古層」」(一九七二年)の執筆にきわめて苦しんだことを語っている[書1－255]。実際、一九六〇年代の半ばからは、現代政治に関する評論はもちろん、思想史研究の論文も、めったに書かなくなっていた。寡作の状態が、一九九六(平成八)年八月十五日、肝臓癌のため八十二歳で死去するまで、続くことになる。癌の告知をうけて、著作集の刊行企画をようやく承認し、『丸山眞男集』の編集に、質問への答の形で最小限かかわったのが、学問上の最後の仕事になった[書5－219]。

このスランプは、いったい何に由来するのか。対談「普遍的原理の立場」では、「大衆社会というのはひとくちに言えば、型なし社会ということでしょう」と語り、徳川時代にはあった、人間生活における「型」もしくは「形式」が、明治維新によって崩れさり、その変化を大正期からの大衆社会化がさらに進め、戦後に至って加速したという歴史の見取り図を述べている[座7－121]。

「型」とその喪失

「形式の喪失」という指摘は、丸山が学生時代から愛読し、緑会の懸賞論文でも注に引いた、ゲオルク・ジンメルの講演『現代文化の軋轢』(一九一八年)に由来するものである。論文「肉体文学から肉体政治まで」(一九四九年)で、丸山はその内容をこう紹介している。

歴史の過渡期にはいつも生《レーベン》が自己を盛り切れなくなった形式《フォルム》を捨ててヨリ適合した形式をつくり出すのだが、現代は「生」が古い形式に甘んじなくなっただけでなく、凡そ形式一般に反逆して自己を直接無媒介に表出しようとする時代で、そこに最も深刻な現代の危機がある[集4－223～224]。

対談で丸山が、徳川時代の社会にはあった「型」「形式」と呼ぶ、その対象は多岐にわたっている。それは文字どおり、剣道の試合や遊女のふるまいにおける身体動作の「型」にはじまり、整った言葉づかいと文体、学問や藝事の基礎訓練、さらには思想において何が一番正しく伝えられてきた教義かにこだわる「正統意識」まで、幅ひろいものごとを含む。終戦直後に「自由民権運動史」でとりあげた、「主義にたいする節操」や「主義のために死をも辞せない」といった「武士道」由来のモラルも、そうした「型」の一環と考えていただろう［集3－245］。

かつて丸山の助手論文や、福澤諭吉研究では、徳川時代の社会は、身分制支配が貫徹し、「権力の偏重」が浸透する秩序として、その否定面に重きをおいて描かれていた。ところが六〇年代後半の丸山は、むしろ「型を磨き洗練することで、全体の文化体系をあれほどに完成した社会というのは、江戸時代以外にはない」と高い評価を見せる。古代からの日本の歴史においては、「形式なんかどうでもいいというエネルギー主義」と、「大陸文化をもらって適当に手直しする修正主義」とが「支配的潮流」であったが、徳川時代は「鎖国」が続いたために、文化の内容に大きな変動がなく「千篇一律」になり、その内部での形式の洗練へとエネルギーが向けられたのである［座7－120～121］。

高度成長への疑問

丸山が「精神的スランプ」を言いはじめた一九五〇年代後半から、六〇年代にかけては、「数量景気」「神武景気」「岩戸景気」——こうした命名にも丸山は「逆コース」を感じたことだろう——の風潮によって、経済の高度成長が急速に意識されだした時期にあたる。人々の生活は一気に豊かになり、冷蔵庫、洗濯機、テレビに代表される家電製品が普及する。そしてテレビ番組と、続々と創刊された週刊誌が、新しい大衆文化を生み、都市と農村との意識の違いは少なくなってゆく。丸山が自主的集団として期待をかけた労働組合も、企業内組合の形で「会社一家」を支える組織へと融解する道をたどった〔集11-207〕。

手記『春曙帖』や書簡で丸山は、メディアの報道による価値意識の「画一化」を批判し、かつて武士の社会にあった、個人の信条として内面化された「名誉感」が失なわれ、みなが一様な「有名性」にあこがれる、「戦後平等社会」を嘆くようになる。大学紛争ののち、肝炎の療養中に家永三郎にあてた書簡にはこうある。

> あるトピックについて熱風のように一つの方向性をもった（反動的であれ、自称革命的であれ）精神的潮流が形成されると、おどろくべきコンフォーミズムがインテリの世界をも支配する、という点でも、一体戦後日本は「一個独立の気象」においてどれだけ進歩したの

か、むしろテレビ・週刊誌文化の画一性によってそうした傾向に拍車がかけられたのではないか、と疑われます［書1－191～192］。

「一個独立の気象」は、英語のインディヴィデュアリティ(個性、独自性)の、福澤諭吉による訳語である。マスメディアの発達は、人々の精神を感覚の底から画一化して、商品の生産と消費の膨大な循環へとまきこんでゆく。先にふれたように、高度成長による社会の変化は、人々の国政への関心を低下させてゆくかたわら、地域の範囲では、さまざまな市民運動の勃興ももたらした。しかし、丸山はそこに希望を見て大衆社会観を修正することはなく、意識の画一化が熱狂的な政治動員につながる危険性を、憂慮し続けるのである。たとえば、創価学会を母体として一九六四(昭和三十九)年に公明党が発足したことに、共産党と同じく、世界観政党による「「真理」の独裁」に至るおそれを指摘することになる［座6－224］。

このように、高度成長を通じての「豊かな社会」の到来を、丸山はひたすら、「型」が破壊され、方向を見失なったエネルギーが渦をまく、大衆社会の問題状況の深刻化としてうけとめた。しかも「型」の不在は、丸山の目には、古代いらいの日本思想史における、「エネルギー主義」と「修正主義」の「支配的潮流」とも共鳴するがゆえに、分厚い壁としてたちふさがったのである。

日本思想の「古層」

この「支配的潮流」について、一九五七(昭和三十二)年に発表した論文「日本の思想」では、「中核あるいは座標軸に当る思想的伝統」の不在を問題としてとりあげ〔集7-193〕、五九年の「東洋政治思想史」講義で、「日本人の原初的思考様式」を論じることになる。さらに欧米での在外研究をはさんで、一九六三(昭和三十八)年以降の講義では、そうした特質を、思考様式と世界像の「原型」と名づけ、冒頭で詳しく提示している。この「原型」を、のちに丸山は「古層」や「執拗低音」と呼びなおし、論文「歴史意識の「古層」」(一九七二年)などの論文と講演で説明しているが、それは、日本人の「下意識の世界」に根づよく残る古来の思考様式をはっきりと認識し、その問題性の克服につなげようとする意図からうまれた分析枠組であった〔集11-223〕。

この「原型」もしくは「古層」については、一九六七(昭和四十二)年度の「日本政治思想史」講義(この年から講義名を実質にあわせて変えている)が、もっとも詳しく説明している。そこでは、『古事記』『日本書紀』に述べられた神話をもとにして、歴史意識・倫理意識・政治意識の三つの側面から分析を加える。いつもそのつどの「今」の時代に、生成のエネルギーの充実を見る歴史観や、共同体の秩序からの背反を「罪」とみなす倫理意識、さらに、支配機構の上位者への奉仕として統治活動をとらえる「まつりごと」の発想が、古代からずっと、日本人の思考の底流に流れつづけているというのである。

研究史の上でみるなら、これは、昭和の戦前・戦中期に、紀平正美や三井甲之《こうし》などの「日本精神」論や、和辻哲郎の倫理思想史研究が、日本思想の特性としてあげた諸点を、改めて整理したものにすぎない。だが、「日本的なるもの」を語るそうした論者たちが、日本思想の優秀性を示すものとして説いたさまざまな要素を、むしろ克服すべき問題点として、丸山は意味づける。この予備作業をすませたうえで、ひきつぐべき伝統のありかを新たに探ろうとした。

自我への問い

しかし、自分でも明瞭に意識化できない心の奥底で、メディアの情報洪水による画一化の作用をうけ、あるいは日本人に特殊な思考様式に染めあげられているのなら、そうした闇の部分を抱えた個人が、理性を発揮して政治にはたらきかける「主体」になど、本当になれるのか。論文「忠誠と反逆」(一九六〇年)のころから丸山は、理想の姿としての「主体」よりも、あるがままの個人としての「自我」に視線を定めて、議論を展開するようになってゆく［松沢・千葉二〇〇三］。そして、その自我は内部に亀裂を抱え、不安定に揺れ動いている。安東仁兵衛との対談「梅本克己の思い出」(一九七九年)で丸山は、みずからが立脚する「西欧的な個人主義」が、実は深い困難にぶつかることを告白するのである。

伝統的個人主義をいわゆる原子的な個人主義として見れば、全ての人間に備わっている理性というようなものによってくくられてしまう。ですから、啓蒙の個人主義をつきつめていくと類的人間になるんですよ。そういう普遍的理性によってくくられない個、ギリギリの、世界に同じ人間は二人といないという個性の自由は、むしろ、啓蒙的個人主義に抵抗したロマン主義が依拠した「個」です。この西欧的な個人主義に内在する矛盾の問題はぼく自身も解決がつかない［座8－181］。

ほかの誰とも異なる、このありのままの「個」としての自我は、つきはなして眺めれば「エゴ」であり、「下意識」に渦巻く欲望のかたまりとして、マスメディアなど外部からの影響にさらされ、他の自我との癒着と離反をくりかえす。しかしそれでも、この自分が独自に一貫した信条をもつことができ、必ずしも欲望のままに流されないことは、疑いようがない。それでは「自分を自分たらしめている」ものは何なのか。誰もが「エゴを超えた何物か」である理性を備えていて、それが人格の統合を保つというのが「啓蒙的個人主義」の答であるが、そのような万人共通の特性が、ほかならぬこの自分を「自分たらしめている窮極のもの」と言えるのか。

こうして、かつて荻生徂徠研究を通じて明らかにした「近代」の政治原理における、ありのままの個人と、理性を働かせる「主体」がおりなす「人間仲間」との二つの層が、自我の内部での「理性」と「個」の分裂へと折り返した形で、とらえなおされてゆく。しかし、その内部構造の分析は混迷を続けることになるだろう。

「忠誠と反逆」

内に分裂を抱えた自我という問題との関連で興味をひくのは、丸山が徳川時代の武士に見える「忠誠」の心情を分析し、その歴史における消長をたどった論文、「忠誠と反逆」(一九六〇年二月)である。丸山が責任編集者の一人として企画に深くかかわった叢書、筑摩書房の『近代日本思想史講座』の第六巻、「自我と環境」を主題とする一冊に含まれている。

丸山はここで、徳川時代の武士が、みずからの主君に対して行なった「諫争」に注目する。彼らは、先祖代々「御恩」を受けてきた主君に忠実に仕え、臨機応変に奮闘する、中世武士以来の「戦闘者」の気風を、心に深くしみつかせている。しかし他面、徳川時代の平和な秩序のなかで、「家産官僚」としての役目も担うがゆえに、与えられた職分の「分限」を守り、統治秩序の「安泰」を保とうとする態度も備えるようになった。武士たちの自我の内部では、この二つの「忠誠」が相剋をくりかえしているがゆえに、たとえば主君が過ちを犯したさいには、見えないふりをしてつき従う卑屈さにも、主従関係を断って次の主君を探す冷淡さにも陥ることがない。むしろ日常の「分限」をこえて、ひたすらに主君を諫め「真の君」にしようとする、「諫争」の激しいエネルギーが生まれるのである。

もしもこの、何としても主君のために尽くしたいという「内面的な被縛感」[集8-253]が消えてしまえば、自我はたちまち輪郭を失なって、内なる「私的」な感情の流れにとけこんでゆくか、あるいは、外の世間から聞こえてくる出世や成功や革命のかけ声に、ひたすら同調するようになるだろう。丸山によれば、武士たちの「忠誠」の倫理、「志士仁人」の矜持が急速に忘れられていった、明治時代後半から、日本の「近代」精神がたどった道筋は、まさにそのようなものであった[集8-234]。

ダイナミズムの喪失

もちろん、「被縛感」の源となる「強いアタッチメント」の対象としては、主君という特定の人格だけでなく、思想の「原理」や、超越神も考えられる。しかし近代の日本人は、そうした、「痛切な自我内部の葛藤」[集8-276]をひきおこすような自我の繋留点を、新たに手に入れることができなかった。その結果、周囲の環境からみずからを引き離し、ひるがえって外界に働きかけるエネルギーを、個人の自我は失なってしまった。口先では「抵抗」や「革命」を呼号する、大正期からのアナーキズムやマルクス主義の運動にも、丸山は同じ病弊をみる。

　志士仁人意識の退化に併行して、反逆はたしかに「大衆的」基盤を拡大するけれども、もともと忠誠の相剋や摩擦のダイナミズムの減退を背景に生まれた反逆は、いわばのっぺり反逆という性格を免れず、自我の内面的な規制と陶冶はどうしても乏しくなる。そのうえ、天皇制自体がもともと「原理」的な統合でないところへ、近代日本では官僚化と世間化を通じて、「天」の思想のような伝統的な超越的契機をもふり落して行ったので、これにたいする反逆も、内側から対抗象徴としてのイデーを成熟せしめることがきわめて困難となった。それだけ反逆の大衆的なパターンは、「すねもの」意識や「ひがみ根性」あるいはまた、職場の人間関係にたいする怨恨に「直接」依存せざるをえない状況にたちいたる［集8－272～273］。

　いまや、政治体制の側も、それに対する批判者の側も、みずからの正当性を支える確固とした「原理」をもたず、それぞれに曖昧な一体感のうちにただよっている。それは、人々の自我が、内なる相剋の意識を失ない、陰影を欠く平板なものになった結果でもあろう。丸山は、明治後期からの日本のこの状況に対して、むしろ内部の分裂こそが、自我に輪郭と活動力を与えていた、武士たちの精神を想起する。そうした歴史の描きなおしを通じて、現代人が直面している難問を、新たに照らしだした。

さらに、現代の情報洪水の中で、目に見えない画一化の作用にさらされながら、みずからの「個」としての独自性を保ち、しかも欲望に押し流されずに、適切な「政治的判断」を働かせることは、いかにすれば可能になるのだろうか。そこで丸山がぎりの期待をかけるのは、「他者感覚」にほかならない。一九六一（昭和三十六）年には、有斐閣の叢書「人間の研究」の一冊、『人間と政治』と題する論文集の編集を担当し、神川信彦、永井陽之助、佐々木斐夫《あやお》、橋川文三、埴谷雄高といった顔ぶれに執筆を頼んでいる。

「逆さの世界」

そこにみずから執筆した論文「現代における人間と政治」では、チャールズ・チャップリンの映画『独裁者』（一九四〇年）にある、飛行機にのり雲海の中をゆく主人公が、機体が上下さかさまになっているのに気づかない場面をとりあげて、実は人間がこうした「逆さの世界」に住んでいるのがいまや常態であり、現代とは「人間と社会との関係そのものが根本的に倒錯している時代」にほかならないと述べている〔集9－12〕。つまり、国家やさまざまな組織の「内側」に属し、その内部だけに浸透するイデオロギーや「常識」によって、世界を見る目がはじめから一定の「イメージ」の眼鏡をかぶせられているのである。

では、そのイメージによる境界線をこえ、「外側」の住人の声にも耳を傾けられるようになるには、どうすればいいのか。だれもが自分の属する世界の外に出て、人類全体の共通空間で語り合えるという理想論は、すでに「逆さの世界」に生きていることを前提とする丸山のとるところではない。人間に残されている道は、あくまでも「内側」にとどまっていることを自覚しながら、外との「境界」の上に立ちつづけることである。――「境界に住むことの意味は、内側の住人と「実感」を頒ち合いながら、しかも不断に「外」との交通を保ち、内側のイメージの自己累積による固定化をたえず積極的につきくずすことにある」〔集9－43〕。

こうして、「他者をあくまで他者としながら、しかも他者をその他在に
おいて理解する」ことを、丸山は呼びかける。現にある自分から理想の「主体」へと飛翔するのではなく、「内側」に身をおきながら、少しでも「外」へと視線をのばし、コミュニケーションを続けていくこと。この現実の自我による、「他者」にむけた水平次元での営みが、重要な鍵になる。

先に、一九五〇年代の末から丸山の仕事の重点が日本思想史の研究に移ったことにふれたが、歴史への沈潜は、「現代」社会の問題性と、のりこえるべき日本思想の「支配的潮流」との両者を、過去の鏡に照らしてみすえ、克服の道を探る営みにほかならなかった。丸山は、一九六八(昭和四十三)年、大阪の司法修習生たちとの座談の中で、「伝統の解釈自身が多義的なんです」と述べている。保守派の知識人など、伝統復活論者が「伝統」と言う場合、それは「日本歴史を通じて比較的に支配的な考え方」を指してそう言っている。かつて「日本精神」論者が唱えたような、「國體」観念がそのいい例である。だがそれらは、よく調べてみると、ある時代以後に初めて「支配的」になった、創られた伝統にすぎないことも多い。

「伝統」の描きなおし

そしてまた、そうした伝統復活論は、「非支配的」で「傍流」であった考え方を無視する「ドグマ」の上に立って、「伝統」を語る。それに対して丸山は、過去の思想の中から何を「われわれの伝統」として定着させるべきかは、「現在におけるチョイスの問題」だとする。「支配的でない、つまり時代の通念とならなかったが、まぎれもなく過去にあった考え方というものからわれわれが自由に糸を紡ぎ出してもいいわけです」。さらにまた、伝統は「われわれが主体的に自分の人類の過去の遺産から選択」し、血肉とすべきものである以上、外来文化であるということは、それを伝統から排除する理由にはならない。たとえば、「幕末以来輸入したヨーロッパの文明や思想」も、現代の日本人にとっては、十分に「伝統」と呼びうるのである［集16－94～96］。

他者としての歴史

こうして丸山は、過去の日本の思想に対して、「将来に向っての可能性をそのなかから「自由」に探って行ける地点」［集9－115］に足をすえ、研究にとりくむようになった。こうした姿勢は、「他者感覚」とも深く関連する。先に引いた「他者をその他在において理解する」という言葉は、カール・マンハイムが一九四五年に、亡命先のロンドンからの対独放送で、学問の自由を支える態度として説いたものであり、丸山はカール・シュミットの『獄中記』(一九五〇年)がこれに言及した箇所から、抜き書きをしていた［集11－172、丸山一九九八a］。「既成の過去」にとらわれた伝統に関する通念を括弧にいれ、また他方で、現代の感覚を投影して曲解してしまうことを慎重に避けながら、他者を「他者の内側から理解する」態度で、過去の思想にむきあうこと。そうした意識をもって解読にあたることで、はじめて「伝統」の新たな描きなおしが可能になる。

しかしひるがえって見れば、丸山の思想史研究は、その出発点である荻生徂徠論や福澤諭吉論からはじまって、その多くが、こうした「伝統」の再解釈の営みであった。戦後の「型なし社会」の到来にであって、新たに「伝統」を汲みなおし、現代日本人の身にあった「型」として血肉化させることの必要性を、改めて痛切に感じたのである。すでに「忠誠と反逆」についてその試みを見たが、こうして、「開国」(一九五九年)、「幕末における視座の変革」(一九六五年)、「闇斎学と闇斎学派」(一九八〇年)といった諸論文が生まれ、「東洋(日本)政治思想史」の講義録が充実したものになっていった。そうした仕事を通じて丸山は、武士たちの忠誠のエートスや、佐久間象山の思考に見られる政治的リアリズムや、聖徳太子と親鸞が説いた「超越的普遍者の自覚」を、ひきつぐべき伝統として呼び起こすことを試みている。

『「文明論之概略」を読む』

こうした丸山の、伝統の再解釈、再創造の試みの最後に位置するのは、岩波新書から上・中・下の全三巻で刊行された、『「文明論之概略」を読む』(一九八六年)である。編集者たちとの少人数の読書会で話した内容を、書物にまとめたものであった。その序文として再録した文章「古典からどう学ぶか」(一九七七年)は、たとえば福澤諭吉のこの『文明論之概略』のような古典を、一字一句、じっくりと理解することの意味について、こう語っている。

古典を読み、古典から学ぶことの意味は――すくなくも意味の一つは、自分自身を現代から隔離することにあります。「隔離」というのはそれ自体が積極的な努力であって、「逃避」ではありません。むしろ逆です。私たちの住んでいる現代の雰囲気から意識的に自分を隔離することによって、まさにその現代の全体像を「距離を置いて」観察する目を養うことができます〔集13－20〕。

まさしく「他者」としての古典テクストにむきあい、それを「他在において理解する」営みは、読者の精神がこの現代を離れ、別の空間へしばらく旅をするような効果をもつ。テクストを読みおえ、もう一度、現代に戻ってみわたすと、周囲の世界はまったく異なる「全体像」を見せてくるだろう。伝統の再解釈は、「現代」という時代を改めてとらえなおす営みとも重なる。

また、この本で丸山は、「智恵」について福澤が、物事どうしの関係を判断したり、大小軽重を弁別したりする総合的な能力であると説いていることにふれ、そこから独自の知識論を展開している〔集13－444～445〕。人間の知のはたらきの根本をなし、もっとも重要なものは、学校での学習などとはかかわりのない、「庶民の智恵」「生活の智恵」に相当する「叡智」(wisdom)であり、「理性的な知の働き」としての「知性」(intelligence)がこれに次ぐ。福澤の言う「智恵」は、この二つを含めて言ったものであり、個々の学問としての「知識」(knowledge)と、さらに細分化された「情報」(information)は、ほんらい、そこから派生したものにすぎない。

しかし、現代の「情報社会」は、この四つの知の順位をまったく逆転させ、「情報最大・叡智最小」の状態に陥っている。イエス・ノーで答える単純なクイズや、ハウ・トゥー本の種になるような「情報」の断片や、学校秀才の「知識」ばかりが偏重され、巷にあふれて、「知性」と「叡智」はきわめてやせ細っている。――一九八〇年代、ポスト・モダン思想の流行の中で、丸山はあえて「近代」の理想を語った古典の解説を試み、さまざまな思想や学問がばらばらに情報として流通する、「情報社会」に対する根本からの疑義を、そこに盛りこんだのである。おそらくそれは、かつての「超国家主義」論文にも匹敵する強度をもつ、眼前の社会に対する痛烈な批判であった。

フーコーとの対話

一九七八(昭和五十三)年四月二十七日、来日していたフランスの哲学者、ミシェル・フーコーが、新宿プリンスホテルの一室で、丸山と歓談する機会をもった。フーコーは『日本政治思想史研究』を英語版で読んでおり、同じ日の講演「政治の分析哲学」でも触れている[フーコー二〇〇〇b、柄谷一九九九]。その対話で感心したフーコーは、帰国後、コレージュ・ド・フランスでの講義を丸山に依頼したが、「フランス語が苦が手だから」とひきのばし、ついに行かずじまいに終わった［書３－140］。丸山は、内田義彦・木下順二との鼎談「伝統と現代をめぐって」（一九八二年）の中でフーコーとの対話について、こう語っている。

彼らがやっていることは全部反デカルト主義、つまり近代合理主義の告発だね、ところが話していると、ヨーロッパのカルテジアニスム、デカルト主義の伝統の重さと強さがやりきれないほどこっちにも伝わってくる。必死になってそれに反抗しながら、デカルト主義に深く制約されているわけだ。だから反抗を通じて同時にそれを再生させているわけだね［座８－290～291］。

フーコーは、この前の年のインタヴュー「身体をつらぬく権力」で、歴史の再解釈を通じての「政治」ということを唱えている。「いまだ存在しない何ものかを、事実の言説がよびおこし、こしらえる、つまりは「作為」(fictionner) すること。そういう可能性があると思います。歴史を身に迫ったものにする政治の現実にもとづいて、歴史を「作為」し、歴史の事実にもとづいて、いまだ存在しないひとつの政治を「作為」するのです」［フーコー二〇〇〇ａ、訳文は改めた」。――目の前の現実を見すえながら過去の歴史に沈潜し、史料の森の中をかけめぐって、これまで支配的な伝統と考えられてきたものとは異なる、もうひとつのありえた伝統をくみだし、それを明確な形に描きあげること。近代の理念を掲げる極東の政治学者と、近代的な「主体」の死を宣告した西欧の哲学者とは、それぞれに伝統と格闘しながら、その再解釈を通じての、言説における「政治」を敢行していたのである。

終章

封印は花やかに

海岸を散歩する丸山(1950 年，福井恵一氏所蔵)

……それは偉大な、そして峻厳な藝術家であり、本質的に意志の人であって、類なき、活気ある、鋭敏な、それ故に少しも休むことを知らぬ頭脳の持主であった。彼は頑固な意見や峻烈な批判のかげに、何か言いようのない自分への疑惑と、自分の欲する通りに完全には為し得ない絶望とを隠していた。この極めて高尚な苦悩は、ドガが過去の巨匠らに対して持っていた精妙な理解と、彼がその巨匠らの作品に秘められていると信じた絵の奥義の羨望、および彼らの相互に矛盾するさまざまな完璧さに始終気を取られていた、その結果であった。

（ポール・ヴァレリー『ドガ・ダンス・デッサン』、吉田健一・清水徹訳による）

「大山先生」　庄司薫の小説『赤頭巾ちゃん気をつけて』(一九六九年)には、作者と同じ名をもつ語り手の、都立日比谷高校(かつての府立一中である)三年生が、東大法学部で「すごい思想史の講義をしている教授」と話した場面を回想するくだりがある。同じ「庄司薫」を主人公として続いて発表された『さよなら快傑黒頭巾』でも、この教授は、大学紛争に疲れて入院中の「大山先生」の名で、作中の会話にあらわれ、丸山眞男をモデルにしていることが、いやでもわかるしかけになっている。語り手は、その次兄が「大山先生」の教え子で、二年前の夏、いっしょに銀座を歩いているときに、ばったりと出会った。引用は、一九九五(平成七)年に出た中公文庫の新版による。

先生は「やあ、やあ」なんて言ってぼくたちを気軽にお茶に誘って下さったのだが、それから話が次々とはずんで、食事にお酒にと席を変えながらとうとう真夜中すぎまで続いてしまった。もちろんぼくはほとんどそばで静かに黙って聞いていただけなのだが、ほんとうになんていうか、この時ぼくはほんとうにいろいろなことを感じそして考えてしまった。どう言ったらいいのだろう、たとえばぼくは、それまでにもいろいろな本を読んだり考えたり、ぼくの好きな下の兄貴なんかを見ながら、(これだけは笑わないで聞いて欲しいのだが)たとえば知性というものは、すごく自由でしなやかで、どこまでもどこまでものびやかに豊かに広がっていくもので、そしてとんだりはねたり突進したり立ちどまったり、でも結局はなにか大きな大きなやさしさみたいなもの、そしてそのやさしさを支える限りない強さみたいなものを目指していくものじゃないか、といったことを漠然と感じたり考えたりしていたのだけれど、その夜ぼくたちを(というよりもちろん兄貴を)相手に、「ほんとうにこうやってダべっているのは楽しいですね。」なんて言っていつまでも楽しそうに話し続けられるその素晴しい先生を見ながら、ぼくは(すごく生意気みたいだが)ぼくのその考え方が正しいのだということを、なんというかそれこそ目の前が明るくなるような思いで感じとったのだ。

引用が長くなってしまったが、この語り手の饒舌それじたいが、丸山のおしゃべりのリズムを活写している。庄司薫は、一九五九(昭和三十四)年に東京大学の教養課程文科二類(いまの文科三類)から法学部へ進学し、丸山の演習に参加していた。この小説の原型となる短篇も、当時の丸山ゼミ参加者による同人誌に、はじめ発表されたものである。

この記述と、作者の経歴だけをとりだすと、単なる恩師ぼめのようにも読めてしまうが、この小説が一九六九（昭和四十四）年の三月、まだ東大紛争の余燼が不穏にくすぶっている時期に書かれていることを考えあわせると、その意味は重い。

「人生は形式です」

その前の十二月、法学部研究室の封鎖におしよせた全共闘学生に対して、「ファシストもやらなかったことを、やるのか」と怒りをぶつけた丸山の言葉が大事件のように槍玉にあげられ、二月二十四日には講義に行こうとしたところを学生たちがつかまえ、文学部の大教室に連行し、そそりたつ階段席から百数十人がとりかこむ状態で、「追及集会」を二時間ほど続けたのである。暴力による発言の強制をこばむ丸山に対し、学生が「形式的原則に固執して、われわれの追及への実質的な回答を拒否している」と批判したところ、丸山は「人生は形式です」と凜然と言い放った。しかしジンメルの講演を背景においたその言葉も、嘲笑と「ナンセンス！」の怒号にかき消されてしまう〔丸山一九九八a、宮村一九九六〕。

この一連のできごとを東大「紛争」、それとも「闘争」とどちらで呼ぶのか、そして総体としてどう評価するかはともかく、全共闘の学生たちと、教師である丸山との間に、別世界の住人と言えるほどの言語不通が生じていたことは確かであろう。内と外との断絶は、ここにも深い形をとって、たちあらわれていた。

「大山先生」との会話をつうじて、「知性というものは、ただ自分だけではなく他の人たちをも自由にのびやかに豊かにするものだ」としみじみ感じる「庄司薫」の姿は、そのまま、学生と教師が、そしていくつもの政治党派に分裂した学生どうしが、おたがいを憎しみ排除しあう状況への批判になっていたのである。やがて一九七〇年代に、新左翼諸党派が内ゲバによる相互殺戮をくりかえし、自滅してゆく経過をみて、丸山は論文「闇斎学と闇斎学派」(一九八〇年)で、教義の「正統」を熾烈に争った、徳川時代の山崎闇斎学派の朱子学者たちの論争を、くわしく分析することになる[丸山二〇〇五]。

対話と友情のために

人と人、集団と集団、国家と国家が、それぞれにみずからの「世界」にとじこもり、たがいの間の理解が困難になる時代。そのなかで丸山は、「他者感覚」をもって「境界」に立ちつづけることを、不寛容が人間の世界にもたらす悲劇を防ぐための、ぎりぎりの選択肢として示したのである。「形式」や「型」、あるいは先の引用に見える「知性」は、その感覚を培うために、あるいは情念の奔流からそれを守るために、なくてはならない道具であった。それを通してこそ、たがいの間にある違いを認めながら、「対等なつきあい」を続けてゆく態度が、可能になる。実は、六〇年安保反対運動の渦中にあるとき、丸山は雑誌『青春の手帖』に、「友を求める人たちに」と題する友情論を発表していた。

個性の尊重にもとづく人間関係とは、それぞれの個人個人の基礎に立って、その日の気分なんかで動かない永続的なものをいう。例えば、二人の友人の関係というものは、二つの輪がつながっている状態でなければならない。二つの輪はつながっていることで強くなる。それは、バラバラになっても、重なりあってもいけない。／ともあれ、自分の希望することは、当然相手もやってしかるべきだという相手に対する過大な期待は、友だち関係のみでなく、親子、夫婦、兄弟等すべての人間関係にもある。そうした、自分を他人に全部投影したり、自分のつくりあげたイメージで、他人を理解したりするのは、自分と他人との区別がはっきりしないことからおきるのである。だから、そのイメージや、夢がこわれたとき、お互いに、かわいさあまって憎さ百倍ということになる［集8－320］。

掲載誌の性格もあって表現はどこか説教調であるが、ここに見えるのは、おたがいを「他者」としてきびしく覚悟しながら、理解の難しさに絶望したり、相手をはじめから排除したりすることなく、何らかの関係をとりむすぼうとする、成熟した友情のすすめである。

思えば丸山その人も、マスメディアからその言動をつねに注目され、その視線を避けるかたわら、身近な空間では、実にさまざまな人々と親しい関係を続けていた。その範囲は、いちおう世間で言う権威の序列を用いて並べるなら、政権政党の派閥領袖やノーベル賞作家から、講義を聴いた学生や見知らぬ読者にまで及び、書簡集に収められた膨大な書簡が、その広さをあとづけている。政治と同じく学問についてもアマチュアによる「在家仏教」を唱えた丸山にとっては、あらゆる人々が広い意味での知の担い手として、対話の相手なのだった〔集9－181〕。

庄司薫は、林達夫の評論集『共産主義的人間』(一九五一年)の中公文庫版によせた解説で、つぎのように書いているが、それは、丸山の考えていたところとも重なるだろう。

価値の多元化相対化と同時進行する情報洪水のまっただ中で、ぼくたちは今その自己形成の前提となる情報の選択の段階ですでに混乱してしまおうとしている。ここで唯一の有効な方法とは、結局のところ最も素朴な、信頼できる「人間」を選ぶということ、ほんとうに信じられる知性を見つけ、そしてその「英知」と「方法」を学びとるということ、なのではあるまいか(「解説――特に若い読者のために」、一九七三年)。

社会の「大問題」についての報道や論評が乱れ飛ぶこの世界では、信頼できる「人間」を選ぶ、とは、あまりにもちっぽけで、迂遠なやりかたに見える。しかし、ほんとうにそれしか残っていないのかもしれない。あるいは、それこそがまさに乏しくなっているのが現状なのである。もしも丸山の書きのこした作品が今後も読みつがれるならば、そうした知のつながりは、無数の読者と丸山との、思考の上での対話として、細々とではあれ続いてゆくことだろう。思想家としての丸山の格闘が、それに触れる者に呼びおこすのは、この可能性にむけた、ひとすじの希望にほかならない。

参考文献

明石博隆・松浦総三(編)　一九七五『昭和特高弾圧史』第一巻(太平出版社)
飯田泰三　二〇〇六『戦後精神の光芒――丸山眞男と藤田省三を読むために』(みすず書房)
五十嵐武士　一九九五『戦後日米関係の形成――講和・安保と冷戦後の視点に立って』(講談社学術文庫)
生田勉日記刊行会(編)　一九八三『杳かなる日の――生田勉青春日記　一九三一―一九四〇』(麦書房)
石井和夫　一九九六「『日本政治思想史研究』を出したころ」(『丸山眞男集』第二巻付録・月報九号)
石井勗　一九七八『東大とともに五十年』(原書房)
石田雄　二〇〇五『丸山眞男との対話』(みすず書房)
一高自治寮立寮百年委員会(編)　一九九四『第一高等学校自治寮六十年史』本史・年表(一高同窓会)
伊藤隆　一九八三『近衛新体制――大政翼賛会への道』(中公新書)
鵜飼信成　一九八四「宮沢憲法学管見」(『ジュリスト』八〇七号)
牛村圭　二〇〇一『「文明の裁き」をこえて――対日戦犯裁判読解の試み』(中央公論新社)
大隅和雄・平石直昭(編)　二〇〇二『思想史家　丸山眞男論』(ぺりかん社)
小川晃一ほか　一九九〇「座談会・小川晃一教授を囲んで」(『北大法学論集』四〇巻五・六号)

小尾俊人　二〇〇三『本は生まれる。そして、それから』(幻戯書房)
加藤節　一九九九『政治と知識人――同時代史的考察』(岩波書店)
神島二郎　一九七九『政治をみる眼』(日本放送出版協会)
柄谷行人　一九九九『ヒューモアとしての唯物論』(講談社学術文庫)
川崎修　一九九八「「忠誠と反逆」を読む」(『思想』八八八号)
　二〇〇〇「丸山眞男における思想史と政治理論」(『日本思想史学』三二号)
北川隆吉ほか(編)　二〇〇〇『戦後民主主義「知」の自画像――21世紀へのダイアローグ』(三省堂)
久野収　一九六〇「市民主義の成立」(『市民主義の成立』、春秋社、一九九六年、所収)
熊野純彦　二〇〇六『西洋哲学史――古代から中世へ』(岩波新書)
小泉信三　一九三七「日清戦争と福澤諭吉」(『小泉信三全集』第十三巻、文藝春秋、一九六八年、所収)
小林正弥(編)　二〇〇三『丸山眞男論――主体的作為、ファシズム、市民社会』(東京大学出版会)
小松茂夫　一九五七「史的唯物論と「現代」」(『思想』三九五号)
権左武志　一九九九「丸山眞男の政治思想とカール・シュミット――丸山の西欧近代理解を中心として」上・下(『思想』九〇三号、九〇四号)
酒井郁造　一九九八「丸山眞男先生と三島庶民大学」(『丸山眞男手帖』四号)
酒井哲哉　二〇〇〇「戦後外交論の形成」(北岡伸一・御厨貴編『戦争・復興・発展――昭和政治史における権力と構想』、東京大学出版会、所収)

坂本義和　一九九五「醒めた規範的リアリズム」(『丸山眞男集』第五巻付録・月報三号)
佐々木毅　一九九七「わが20世紀人／丸山眞男」(『読売新聞』八月九日夕刊)
清水幾太郎　一九七五『わが人生の断片』(『清水幾太郎著作集』第十四巻、講談社、一九九三年、所収)
高見勝利　二〇〇〇『宮沢俊義の憲法学史的研究』(有斐閣)
高三啓輔　二〇〇四『サナトリウム残影——結核の百年と日本人』(日本評論社)
竹内洋　二〇〇一『大学という病——東大紛擾と教授群像』(中央公論新社)
二〇〇五『丸山眞男の時代——大学・知識人・ジャーナリズム』(中公新書)
武田泰淳ほか　一九六二「藝術・東と西」(石川淳ほか『夷齋座談——石川淳対談集』、中央公論社、一九七七年、所収)
武田泰淳　一九六四「忠勇なる諸氏よ」(『武田泰淳全集』第十五巻、筑摩書房、一九七二年、所収)
武田百合子　一九七九『犬が星見た——ロシア旅行』(中公文庫、一九八二年)
竹前栄治　二〇〇二『占領戦後史』(岩波現代文庫)
田邊元　一九三九「国家的存在の論理」(『田邊元全集』第七巻、筑摩書房、一九六三年、所収)
田舛彦介ほか　二〇〇五「広島軍隊時代をともにして——聞き書　田舛彦介」(『丸山眞男手帖』三四号)
津田左右吉　一九四六「建国の事情と万世一系の思想」(『世界』四号)
一九四七「明治維新史の取扱ひについて」(『世界』二二号)
都築勉　一九九五『戦後日本の知識人——丸山眞男とその時代』(世織書房)

鶴見俊輔（編） 二〇〇五 『「思想の科学」五十年――源流から未来へ』（思想の科学社）
田頭慎一郎 二〇〇五 「「青ざめ」たのは何者か？――「超国家主義の論理と心理」の一文をめぐって」（『丸山眞男手帖』三五号）
東京大学 一九八五 『東京大学百年史』通史二・部局史一・資料二
東京大学政治学研究会 一九九三 「『忠誠と反逆』合評会 コメント」（『丸山眞男手帖』三六号、二〇〇五年）
戸谷敏之 一九五二 『イギリス・ヨーマンの研究』（御茶の水書房）
中野敏男 二〇〇一 『大塚久雄と丸山眞男――動員、主体、戦争責任』（青土社）
中村哲 一九六三 『日本現代史大系・政治史』（東洋経済新報社）
南原繁 一九二八 「自由主義の批判的考察」（原題「政治原理としての自由主義の考察」、『南原繁著作集』第三巻、岩波書店、一九七三年、所収）
一九三四 「フィヒテに於ける国民主義の理論」（『筧教授還暦祝賀論文集』、有斐閣、所収）
一九三九 「人間と政治」（『南原繁著作集』第三巻、岩波書店、所収）
一九四六 「新日本文化の創造」（『南原繁著作集』第七巻、一九七三年、所収）
根岸和一 一九九一 「「釘萬」に育って」（東京都新宿区立新宿歴史博物館編『内藤新宿の町並とその歴史』、新宿区教育委員会、所収）
橋川文三 一九六七 『日本の百年4・アジア解放の夢』（筑摩書房）

長谷川宏　一九七七「戦後啓蒙思想の栄光と悲惨／思想課題としての丸山眞男――丸山眞男著『戦中と戦後の間』をめぐって」(『日本読書新聞』一月二十四日号)
秦郁彦　一九九三『昭和史の謎を追う』下巻(文藝春秋)
塙作楽　一九九〇『岩波物語』(塙作楽著作刊行会)
埴谷雄高　一九九三「武田百合子さんのこと」(『虹と睡蓮』、未来社、一九九五年、所収)
林房雄・三島由紀夫　一九六六『対話・日本人論』(『決定版三島由紀夫全集』第三十九巻、新潮社、二〇〇四年、所収)
坂野潤治　一九八二「長尾龍一『日本国家思想史研究』:「国体論」を三原理に分けて示唆に富む」(『中央公論』九七年一二号)
氷上英廣　一九四九『ニイチェ――運命と意志』(新潮社・生ける思想叢書)
平石直昭　一九八七「戦中・戦後徂徠論批判――初期丸山・吉川両学説の検討を中心に」(東京大学社会科学研究所『社会科学研究』三九巻一号)
福田歓一　二〇〇〇『丸山眞男とその時代』(岩波書店・岩波ブックレット)
フーコー、ミシェル　二〇〇〇a『ミシェル・フーコー思考集成』第六巻(山田登世子ほか訳、筑摩書房)
二〇〇〇b『ミシェル・フーコー思考集成』第七巻(渡辺守章ほか訳、筑摩書房)
藤田省三　一九九七『藤田省三著作集10　異端論断章』(みすず書房)

藤原保信　一九八五　『政治理論のパラダイム転換』(岩波書店)
堀真清　一九九八　「侃堂丸山幹治――忘れられた政論記者」(河原宏ほか編『日本思想の地平と水脈』、ぺりかん社、所収)
堀越正光　二〇〇五　『「東京」探見――現役高校教師が案内する東京文学散歩』(宝島社)
松沢弘陽・千葉眞　二〇〇三　『ICU一般教育シリーズ35・政治学講義』(国際基督教大学教養学部)
松下圭一　一九六六　「〈市民〉的人間型の現代的可能性」(『戦後政治の歴史と思想』、ちくま学芸文庫、一九九四年、所収)
松本武四郎　一九九五　「「まっさん」との付き合い」(『丸山眞男集』第六巻付録・月報四号)
松山幸雄　一九九六　「有効だった「丸山助言」」(『丸山眞男集』第十巻付録・月報十号)
丸山邦男　一九七五　『天皇観の戦後史』(白川書院)
一九七六　『遊撃的マスコミ論――オピニオン・ジャーナリズムの構造』(創樹社)
一九八一　『コラムの世界――フリーライターの戦後誌』(日本ジャーナリスト専門学院出版部)
丸山鐵雄　一九八三　『歌は世につれ』(みすず書房)
丸山眞男　一九四五　「戦後初めての講義の講義案」(『丸山眞男手帖』三五号、二〇〇五年)
一九五三　「復古調をどう見るか」(『丸山眞男手帖』一一号、一九九九年)
一九八〇　「聞き書き　庶民大学三島教室」上(『丸山眞男手帖』二三号、二〇〇二年)
一九九一　「秋陽会記」(『丸山眞男手帖』七号、一九九八年)

丸山眞男・梅津順一ほか　二〇〇五「第七十八回　マックス・ウェーバーの会例会にて」(『丸山眞男手帖』三三号)
　一九九八ａ『自己内対話』(みすず書房)
　一九九八ｂ「二十四年目に語る戦争体験」(『丸山眞男手帖』六号)
　二〇〇二「蠟山政道教授　行政学　試験答案」(『丸山眞男手帖』二三号)
　二〇〇五『自由について――七つの問答』(編集グループ〈ＳＵＲＥ〉)
丸山眞男・福田歓一(編)　一九八九『聞き書・南原繁回顧録』(東京大学出版会)
三木睦子　一九九七『心に残る人びと』(岩波書店)
「みすず」編集部(編)　一九九七『丸山眞男の世界』(みすず書房)
水谷三公　二〇〇四『丸山眞男――ある時代の肖像』(ちくま新書)
三谷太一郎　一九九七『近代日本の戦争と政治』(岩波書店)
　一九九九「日本の政治学のアイデンティティを求めて――蠟山政治学に見る第一次世界戦争後の日本の政治学とその変容」(『成蹊法学』四九号)
宮村治雄　一九九五「戦後天皇制論の諸相――「自由」の内面化をめぐって」(『戦後日本　占領と戦後改革』第三巻、岩波書店、所収)
　一九九六「ある情景」(『図書』五六八号)
安田武・丸山邦男　一九六八『学生――きみ達はどう生きるか』(日本文芸社)

矢部貞治　一九七四『矢部貞治日記』銀杏の巻(読売新聞社)
山本七平　一九九七『山本七平ライブラリー16・静かなる細き声』(文藝春秋)
吉住唯(編)二〇〇六『KAWADE道の手帖・丸山眞男』(河出書房新社)
吉野源三郎　一九八九『職業としての編集者』(岩波新書)
蠟山政道　一九三三『日本政治動向論』(高陽書院)
　一九六七『日本の歴史26・よみがえる日本』(中央公論社)

丸山の文章は、『丸山眞男集』でほとんどを読むことができるが、本書がとりあげた作品のうちには、ほかの論文集に収録されているものも多いので、その一覧を論文集ごとに示しておく。書目は入手しやすい最新の版をあげた。

『福沢諭吉の哲学　他六篇』(松沢弘陽編、岩波文庫、二〇〇一年)
　「福沢諭吉の儒教批判」
『日本政治思想史研究』(新装版、東京大学出版会、一九八三年)
　「近世儒教の発展における徂徠学の特質並にその国学との関連」「近世日本政治思想における「自

然」と「作為」」「国民主義の「前期的」形成」

『増補版・現代政治の思想と行動』(未来社、一九六四年)

「超国家主義の論理と心理」「軍国支配者の精神形態」「ある自由主義者への手紙」「ファシズムの諸問題」「人間と政治」「肉体文学から肉体政治まで」「政治権力の諸問題」「現代における態度決定」「現代における人間と政治」

『日本の思想』(岩波新書、一九六一年)

「日本の思想」「近代日本の思想と文学」

『戦中と戦後の間』(みすず書房、一九七六年)

「政治学に於ける国家の概念」「福沢諭吉の儒教批判」「福沢に於ける秩序と人間」「近代的思惟」「若き世代に寄す」「日本における自由意識の形成と特質」「自由民権運動史」「ジョン・ロックと近代政治原理」「恐怖の時代」「「進歩派」の政治感覚」「戦争責任論の盲点」「断想」

『忠誠と反逆――転形期日本の精神史的位相』(ちくま学芸文庫、一九九八年)

「忠誠と反逆」「幕末における視座の変革――佐久間象山の場合」「開国」「歴史意識の「古層」」

あとがき

いったいいつから、批判するとかのりこえるとか、精神を継承するとかしないとか、剣呑な言葉でしか、過去の思想は語られなくなってしまったのだろう。どんな人であっても、ひとりの人間が深くものを考え、語った営みは、そんなに簡単にまつりあげたり、限界を論じたりできるほど、安っぽいものではないはずなのに。

この本でこころみたのは、丸山眞男という希有な知性がのこした言葉の群れのなかへわけいって、そのなかをさまよう途上で見つけた、珠玉や棒きれや落とし穴を、できるかぎり克明に記し、それぞれと出あった驚きを、読んでくれる方々とともにすることである。これまで論じられてきたあれこれにふれていないという玄人筋の声に対しては、なりゆくいきおいでこうなった、とだけ答えておこう。今後、丸山についてこんなに長々と書くことは、たぶんない。

丸山眞男その人については、その姿をながめ、話をきいたことが一度だけある。大学院生だったころ、論文集『忠誠と反逆』をめぐって、東京大学政治学研究会で開かれた書評会の席であった。こちらからはあいさつもしないまま、ひろい会議場の隅で書評者の報告をきいていたのだが、質疑応答にはいった冒頭で、司会者が突然にわたしを指名した。おかげですっかり動顚し、要領をえない質問しかできなかったのが、にがい思い出としてのこっている。あとで聞けば、できるだけ若い人の発言をききたいと、あらかじめ本人からの要望があったという。それを知っても、なおさら災難としか思えなかったが、いまふりかえると、これはいかにも丸山らしい。

しかし、丸山がむかし教員を務めた大学院研究科で、同じ日本政治思想史を専攻したのだし、教わった方々の多くは、かつてその研究指導をうけたり、授業に出たりしている。研究上の助言を求めれば、紹介してもらえるつてはあったのだが、会おうとは思わず、論文や著書も送らなかった。むだに時間を割かせるのをおそれたほかにも理由はあるけれど、ここに書くべきことがらではない。「私はひとに金を貸せる身分ではありませんが話を分りよくするためこんな例をあげてみます。金を貸してなかなか返さない男が向うから来ます。定めし逢うのがいやだろうとこっちで気を廻して横町へ曲ってしまいます。これが東京っ子の弱気です」(岡本文弥『藝渡世』)。――要するに、わたしもひとりの東京っ子なのである。助教授として法学部のスタッフに加わった同じ月に、丸山は亡くなった。朝の新聞で訃報を読んだあと、大学へ来てみると、銀杏並木の大きな樹が一本、ひとりでに根もとから倒れていた。本郷のキャンパスでそういう光景を見たのは、あとにも先にもない。

この本を書くにあたっては、編集を担当された小田野耕明さん、ミシェル・フーコーの講演についてお教え下さった神崎繁さんをはじめとして、直接・間接に多くの方々からお世話になった。とりあげた内容はすでに活字になっていることがらにかぎったものの、丸山をじかに知る方々からうかがった話や、お手伝いしている東京女子大学の比較文化研究所附置・丸山眞男記念比較思想研究センターの資料整理の過程で、見聞きしたものごとも、正直なところ、書くときの心理には影をおとしているだろう。個人や機関の名前をすべて挙げることはできないが、つぎの二組の先生たちには、とくにお礼の気持ちを言い表わしておきたい。

まず、二〇〇五年度に、丸山眞男記念比較思想研究センターが行なった公開授業(岩波書店寄附講座)を担当された、平石直昭、松沢弘陽の両先生に。一受講生として講義をきき、毎回の終了後、おしゃべりをしているうちに、この本の構想は、ゆっくりとできあがっていった。津田左右吉の丸山批判や、『「文明論之概略」を読む』の重要性などは、自分ひとりでは見おとしていたはずである。
　そして、高校時代に「倫理・社会」「政治・経済」を教わった、太田哲男先生と、横関至先生。一九八〇年代初頭の高校の教室で、『現代政治の思想と行動』や『日本政治思想史研究』にふれる講義が行なわれたことは、特筆しておいていいだろう。当時は、お二人がそれぞれ、思想史と社会運動史の専門家であることなど知らなかったし、進路選択どころか、なにがしか人なみの大人になれるという期待ももてないまま、漫然と日々を送っていた。できることなら、そのころの自分と同じような年少の人々にも、この本を読んでいただければと願う。

二〇〇六年四月

苅部　直

〔第三刷にあたり付記〕　丸山眞男の演習に出席されていた、石田雄、高野耕一、福井恵一のお三方のご教示により、第四章扉の写真解説を訂正することができた。記して感謝します。

略　年　譜

年	丸山眞男の動向	日本・世界の出来事
1914(大3)	3月22日，大阪府東成郡天王寺村(現在の大阪市阿倍野区)に丸山幹治(侃堂)・セイの第二子として生まれる.	
1918(大7)		第一次世界大戦終結
1920(大9)	兵庫県武庫郡精道村(現在の芦屋市)精道尋常小学校に入学	
1921(大10)	一家，東京市四谷区麴町に転居(翌年，愛住町に移る). 四谷区立四谷第一尋常小学校に転校	
1923(大12)		関東大震災
1926(昭元)	東京府立第一中学校に入学	
1931(昭6)	第一高等学校文科乙類に入学	満洲事変はじまる
1933(昭8)	唯物論研究会創立記念第2回講演会に参加し，本富士署に検挙・拘留される	ドイツ,第三帝国成立 瀧川事件
1934(昭9)	東京帝国大学法学部政治学科に入学	
1935(昭10)		「國體明徵」運動
1936(昭11)		二・二六事件
1937(昭12)	東京帝国大学法学部政治学科を卒業. 同学部助手となる	日中戦争はじまる
1939(昭14)	東京帝国大学法学部に政治学政治学史第三講座(東洋政治思想史)が開設される	
1940(昭15)	「近世儒教の発展における徂徠学の特質並にその国学との関連」を『国家学会雑誌』に発表. 東京帝国大学法学部助教授となる	第二次近衛文麿内閣成立
1941(昭16)		「大東亜戦争」はじまる
1942(昭17)	政治学政治学史第三講座(東洋政治思想史)を担当する	
1944(昭19)	結婚. 朝鮮平壌に応召	

略 年 譜

1945(昭20)	広島市宇品の陸軍船舶司令部に再応召．被爆．終戦後，青年文化会議，庶民大学三島教室に参加	ポツダム宣言受諾，終戦
1946(昭21)	「超国家主義の論理と心理」を『世界』に発表	日本国憲法公布
1949(昭24)	平和問題談話会の設立に参加	
1950(昭25)	東京大学法学部教授となる．「三たび平和について」1,2 章を執筆	朝鮮戦争はじまる
1951(昭26)	肺結核のため国立中野療養所へ入院	
1952(昭27)	『日本政治思想史研究』刊行	
1954(昭29)	結核再発し入院．左肺上葉切除・胸郭成形手術を受ける．『政治学事典』刊行	
1956(昭31)	『現代政治の思想と行動』上巻刊行(下巻は 57 年)	スターリン批判，ハンガリー事件
1958(昭33)	憲法問題研究会に参加	
1960(昭35)	「忠誠と反逆」を『近代日本思想史講座』に発表．「選択のとき」「復初の説」を講演	六〇年安保
1961(昭36)	『日本の思想』刊行．「右翼テロを増長させるもの」を『毎日新聞』に発表．ハーヴァード大学から特別客員教授として招聘される(62年 6 月まで)	「風流夢譚」事件
1962(昭37)	イギリスに移り，オクスフォードに滞在(63 年 4 月まで)	
1965(昭40)	声明「ベトナム問題に関して日本政府に要望する」に参加	ベトナムで北爆はじまる．文化大革命はじまる
1968(昭43)	東大紛争で，全共闘の学生が法学部研究室を封鎖．明治新聞雑誌文庫所蔵の文書類を守るため文庫に泊まる	
1971(昭46)	東京大学法学部教授を停年を待たず辞職する	
1972(昭47)		日中共同声明

1974(昭49)		田中角栄金脈問題.三木武夫内閣成立
1975(昭50)	オクスフォード大学に滞在し，ジャパン・セミナーを主宰．プリンストン高等学術研究所所員となる(76年4月まで)	
1976(昭51)	カリフォルニア大学バークレー校から特別客員教授として招聘される(5–8月)．『戦中と戦後の間』刊行	中国，四人組失脚
1982(昭57)		反核運動．中曾根康弘内閣成立
1983(昭58)	カリフォルニア大学バークレー校から特別客員教授として招聘される(3–6月)．	
1986(昭61)	『「文明論之概略」を読む』刊行	
1989(平元)	「昭和天皇をめぐるきれぎれの回想」を『60』に発表	昭和天皇崩御
1991(平3)		湾岸戦争．ソ連解体
1992(平4)	『忠誠と反逆』刊行	
1993(平5)	「小選挙区比例代表・並立制の強行に反対する言論人・ジャーナリストの緊急アピール」に参加．体調の異変を覚え検査を受けた結果，肝臓癌を知る	細川護熙内閣成立
1995(平7)	『丸山眞男集』刊行開始	阪神・淡路大震災
1996(平8)	声明「戦後補償の速やかな実行を政府に要望する」に参加．8月15日，進行性肝臓癌のため死去．享年82歳	

苅部 直

1965年東京生まれ
1994年東京大学大学院法学政治学研究科博士課程修了，博士(法学)
現在―東京大学教授　大学院法学政治学研究科・法学部
専攻―日本政治思想史
著書―『光の領国 和辻哲郎』(創文社，岩波現代文庫)
『移りゆく「教養」』(NTT出版)
『歴史という皮膚』
『ヒューマニティーズ 政治学』(以上，岩波書店)
『安部公房の都市』(講談社)
『秩序の夢―政治思想論集』(筑摩書房)
『「維新革命」への道』(新潮選書)ほか多数

丸山眞男―リベラリストの肖像　　岩波新書(新赤版)1012

2006年5月19日　第1刷発行
2021年7月15日　第11刷発行

著　者　苅《かる》部《べ》 直《ただし》

発行者　坂本政謙

発行所　株式会社 岩波書店
〒101-8002 東京都千代田区一ツ橋2-5-5
案内 03-5210-4000　営業部 03-5210-4111
https://www.iwanami.co.jp/

新書編集部 03-5210-4054
https://www.iwanami.co.jp/sin/

印刷・理想社　カバー・半七印刷　製本・中永製本

ISBN 4-00-431012-1　　Printed in Japan

岩波新書新赤版一〇〇〇点に際して

ひとつの時代が終わったと言われて久しい。だが、その先にいかなる時代を展望するのか、私たちはその輪郭すら描きえていない。二〇世紀から持ち越した課題の多くは、未だ解決の緒を見つけることのできないままであり、二一世紀が新たに招きよせた問題も少なくない。グローバル資本主義の浸透、憎悪の連鎖、暴力の応酬――世界は混沌として深い不安の只中にある。

現代社会においては変化が常態となり、速さと新しさに絶対的な価値が与えられた。消費社会の深化と情報技術の革命は、種々の境界を無くし、人々の生活やコミュニケーションの様式を根底から変容させてきた。ライフスタイルは多様化し、一面では個人の生き方をそれぞれが選びとる時代が始まっている。同時に、新たな格差が生まれ、様々な次元での亀裂や分断が深まっている。社会や歴史に対する意識が揺らぎ、普遍的な理念に対する根本的な懐疑や、現実を変えることへの無力感がひそかに根を張りつつある。そして生きることに誰もが困難を覚える時代が到来している。

しかし、日常生活のそれぞれの場で、自由と民主主義を獲得し実践することを通じて、私たち自身がそうした閉塞を乗り超え、希望の時代の幕開けを告げてゆくことは不可能ではあるまい。そのために、いま求められていること――それは、個と個の間で開かれた対話を積み重ねながら、人間らしく生きることの条件について一人ひとりが粘り強く思考することではないか。その営みの糧となるものが、教養に外ならないと私たちは考える。歴史とは何か、よく生きるとはいかなることか、世界そして人間はどこへ向かうべきなのか――こうした根源的な問いとの格闘が、文化と知の厚みを作り出し、個人と社会を支える基盤としての教養となった。まさにそのような教養への道案内こそ、岩波新書が創刊以来、追求してきたことである。

岩波新書は、日中戦争下の一九三八年一一月に赤版として創刊された。創刊の辞は、道義の精神に則らない日本の行動を憂慮し、批判的精神と良心的行動の欠如を戒めつつ、現代人の現代的教養を刊行の目的とする、と謳っている。以後、青版、黄版、新赤版と装いを改めながら、合計二五〇〇点余りを世に問うてきた。そして、いままた新赤版が一〇〇〇点を迎えたのを機に、人間の理性と良心への信頼を再確認し、それに裏打ちされた文化を培っていく決意を込めて、新しい装丁のもとに再出発したいと思う。一冊一冊から吹き出す新風が一人でも多くの読者の許に届くこと、そして希望ある時代への想像力を豊かにかき立てることを切に願う。

（二〇〇六年四月）